非物质文化遗产的数字化保护与传承研究

刘　敏◎著

中国戏剧出版社
CHINA THEATRE PRESS

图书在版编目（CIP）数据

非物质文化遗产的数字化保护与传承研究 / 刘敏著.
北京 : 中国戏剧出版社, 2025. 8. -- ISBN 978-7-104
-05645-4

Ⅰ. G122-39

中国国家版本馆 CIP 数据核字第 2025SV0710 号

非物质文化遗产的数字化保护与传承研究

责任编辑： 周忠建
责任印制： 冯志强

出版发行： 中国戏剧出版社
出 版 人： 樊国宾
社　　址： 北京市西城区天宁寺前街 2 号国家音乐产业基地 L 座
邮　　编： 100055
网　　址： www.theatrebook.cn
电　　话： 010-63385980（总编室）　010-63381560（发行部）
传　　真： 010-63381560

读者服务： 010-63381560
邮购地址： 北京市西城区天宁寺前街 2 号国家音乐产业基地 L 座

印　　刷： 天津和萱印刷有限公司
开　　本： 787mm×1092mm　1/16
印　　张： 10.75
字　　数： 215 千字
版　　次： 2025 年 8 月　北京第 1 版第 1 次印刷
书　　号： ISBN 978-7-104-05645-4
定　　价： 66.00 元

前 言

经济全球化已成为当今时代最显著的特征，并迅速扩展到其他领域，急剧改变了人们的生活方式和文化观念。这导致许多蕴藏着民族文化的非物质文化遗产（以下简称非遗）的影响力逐渐式微，世界文化的丰富性和多样性面临着前所未有的巨大挑战。

世界各国政府和联合国教科文组织对此表示高度关切。玻利维亚政府在 1973 年就向联合国教科文组织提出了应该保护民俗的建议。1989 年 11 月，联合国教科文组织在巴黎召开的第 25 届大会通过了《保护传统文化和民俗的建议》，用“传统文化和民俗”来表述“非物质文化遗产”。1997 年，联合国教科文组织通过了关于建立“人类口头和非物质遗产代表作”的决议，随后计划每两年评选一次人类口头和非物质遗产代表作，于 2001 年公布了首批共计 19 项代表作，随后又于 2002 年 9 月通过了《伊斯坦布尔宣言》，强调非物质文化遗产的重要性，以及现代化对文化多样性的不利影响，呼吁全世界携起手来共同保护和发展非物质文化遗产。2003 年 10 月，联合国教科文组织正式通过了旨在尊重、保护非物质文化遗产的《保护非物质文化遗产公约》，并以此界定了非物质文化遗产的概念和范围。

当今，传统的口传心授的传播与传承方式阻碍了非物质文化遗产的现代化传承和发展。诸多非物质文化遗产没有相对应的文字记载或传承方式，完全依靠口授的方式流传，当前部分传承人受教育年限较短，同时在经济转型过程中面临经济保障不足的压力，核心传承人年事已高，存在技艺断代风险。在现代数字化技术、信息技术、网络技术的冲击下，依赖于独特文化空间，仅以传承人言传身教为主要方式的各种记忆型和技艺型的非物质文化遗产面临失传的危机，而且过度商业化、产业化的开发在一定程度上损害了文化生态的完整性和真实性，使非遗得不到科学保护与有效传承。城镇化、商业化、产业化割裂了人与自然长期互动形成的和谐关系，破坏了非遗的生态环境，其赖以生存的文化空间也在逐渐消失，不少非遗面临着严峻的生存危机。此外，对非遗的“地方性”挖掘不足，很多非遗的文化内涵、文化特色和文化价值彰显不明，有的甚至出现了同质化现象。

由此可见，非遗面临着生存（传承）性危机、主体性危机、生态性危机等，其发展（传播）前景堪忧，特别是原真性、完整性的保护要求已被经济利益所挤压。作为人类的文化精华，只有传承和传播，才不至于迷失。不过，任何非遗都可能随着时间的流逝发生变异或逐渐消亡，任何非遗保护手段都是在延长非遗的生命周期，包括数字化手段。

数字化技术的发展经历了几个重要阶段，从最初的数字转换到数字化转型，每个阶段都推动了技术和应用的进步。数字转换阶段始于 1954 年，主要是将信息由模拟格式转化为数字格式。这一阶段利用数字化技术将各种物质形态的信息资料（如声音、图像、视频、文本和数据等）转化为数字信号，通过编码、处理、存储与传输，记录、处理、传达、存储和复制信息。这一过程极大地便利了信息处理和交流。数字化阶段在 20 世纪 90 年代取得较大发展，数字化技术被应用到业务流程中，帮助企业实现管理优化。代表产物是企业资源计划（ERP 系统），它帮助企业缩短物资周转周期、提高计划管理水准，实现管理层对信息的实时查询和监控。数字化转型阶段是数字化发展的高级阶段，强调通过数字化技术彻底改变企业的业务模式、组织结构和运营方式，以适应快速变化的市场环境。这不仅仅是技术的升级，更是企业战略、文化、组织等多方面的变革。目前，我国数字化技术的发展现状表现为产业数字化转型成效明显。《中国数字经济发展指数报告（2024）》指出，制造业数字化转型深入推进，工业互联网覆盖多个国民经济大类，5G 行业应用广泛；数字经济区域发展特色明显，东部地区指数优于全国平均水平，数据要素和数字应用优势明显。

数字化技术已让不少濒临消亡的事物重获新生，原本看上去毫无关联的传统文化与产业，可以借助数字化技术形成新的联结与跨界，拓展出许多新兴业态，而这种跨界与融合恰恰让传统文化、非物质文化遗产等一些中华文化瑰宝，找到了新的传承发展思路，有了复兴的大好机会。利用新型的数字媒介技术，对非物质文化遗产进行数字化采集、处理、再现、解读、阐释、保存与传播，使之从唯一性、主体性、专有性转向多元性、数字性、共享性，更重要的是，数字化技术的介入不仅改变了非物质文化遗产的存在方式，更改变了公众对非物质文化遗产的认知观念和传承、传播方式。

笔者在本书中对非物质文化遗产保护进行了简要分析，并针对非物质文化遗产的数字化保护与传承进行了介绍，内容充实且通俗易懂，有助于读者更好地体会数字化对非物质文化遗产保护与传承的重要性。

在撰写本书的过程中，笔者参考了大量的学术文献，得到了许多专家学者的帮助，在此表示诚挚的谢意。由于笔者水平有限，书中难免有疏漏之处，希望广大同行及时指正。

刘 敏

2024 年 7 月

目　录

第一章　非物质文化遗产保护概述

非物质文化遗产是中华文明源远流长、绵延传承的活态见证，它们以丰富多彩的表现形式体现着中华民族非凡的智慧和伟大的创造力。本章为非物质文化遗产保护概述，介绍了非物质文化遗产的定义与价值、非物质文化遗产保护的原则和非物质文化遗产保护的方式。

第一节　非物质文化遗产的定义与价值

一、非物质文化遗产的定义

非物质文化遗产如今已成为我国民众耳熟能详、家喻户晓的热词了，但其实它是一个使用不久的新词语。根据有关资料，在 20 世纪中叶，全球范围内对文化遗产的认知经历了深刻转变。“非物质遗产”一词出现，深受美国的影响，并逐渐被联合国教科文组织接纳，作为一个与“物质遗产”并列的概念进入官方话语体系。1982 年，联合国教科文组织内部特设的“非物质遗产”部门成立，这标志着这一理念正式步入国际舞台，成为探讨人类多元文化保存的重要议题。日本在这方面展现出了先驱者的姿态，早在 1950 年，日本便出台了《文化财保护法》，该法首度将“无形文化财”纳入法律范畴，其与“有形文化财”并驾齐驱，显示了日本国家层面对非物质文化价值的早期认识与重视。此举不仅促进了日本国内文化多样性的发展，也为后续国际社会关注非物质文化遗产提供了宝贵借鉴。这一系列事件表明，“非物质遗产”的概念及其保护工作，在 20 世纪后半叶逐步获得了广泛认同与深化发展，成为连接过去与未来，守护人类共有记忆的关键纽带。

2003 年 10 月 17 日，联合国教科文组织第 32 届大会通过了《保护非物质文化遗产公约》，它的文本中使用了“非物质文化遗产”的概念。2004 年 8 月，我国加入了《保护非物质文化遗产公约》，成为该公约的缔约国。为了和《保护非物质文化遗产公约》乃至其他一系列国际文件中提出的概念相一致，此后，我国国务院及相关部门颁发的文件也将以往各种不同的提法统一为“非物质文化遗产”。

《保护非物质文化遗产公约》中对非物质文化遗产作了如下界定。

“非物质文化遗产”指被各社区、群体，有时是个人，视为其文化遗产组成部分的各种社会实践、观念表述、表现形式、知识、技能以及相关的工具、实物、手工艺品和文化场所。这种非物质文化遗产世代相传，在各社区和群体适应周围环境以及与自然和历史的互动中，被不断地再创造，为这些社区和群体提供认同感和持续感，从而增强对文化多样性和人类创造力的尊重。

“非物质文化遗产”包括以下几个方面：

①口头传统和表现形式，包括作为非物质文化遗产媒介的语言；

②表演艺术；

③社会实践、仪式、节庆活动；

④有关自然界和宇宙的知识和实践；

⑤传统手工艺。

世界各个国家、地区、民族的非物质文化遗产状况与特点各不相同，因而有必要根据各自实际情况和实践需要，采用不同的理论与方法，对非物质文化遗产进行更加富有针对性且贴近实际的概念界定和内涵分析。2011 年 6 月，我国正式施行《中华人民共和国非物质文化遗产法》，该法对非物质文化遗产的概念和内涵作出如下界定。

非物质文化遗产，是指各族人民世代相传并视为其文化遗产组成部分的各种传统文化表现形式，以及与传统文化表现形式相关的实物和场所。具体包括以下几个方面：

①传统口头文学以及作为其载体的语言；

②传统美术、书法、音乐、舞蹈、戏剧、曲艺和杂技；

③传统技艺、医药和历法；

④传统礼仪、节庆等民俗；

⑤传统体育和游艺；

⑥其他非物质文化遗产。

由上可知，我国的非物质文化遗产概念和内涵与《保护非物质文化遗产公约》的界定十分相近，是践行公约的体现，只是更为全面、更为具体。一些与我国传统文化相关的内容也被纳入其中，可谓既与国际接轨，又富有中国特色。

从非物质文化遗产的概念和内涵来看，其所涵盖的范围广泛、内容丰富。按照《保护非物质文化遗产公约》中的五分法，非物质文化遗产的内容如下。

①口头传统和表现形式。主要包括神话、传说、史诗、长诗、故事、歌谣、谚语、谜语、笑话、祝赞词等，还包括作为其载体的民族语言、方言。

②表演艺术。传统音乐（传统器乐、民歌、宗教音乐、舞蹈音乐、戏曲音乐、曲艺音乐等）、传统舞蹈（人生礼仪舞蹈、生活习俗舞蹈、生产习俗舞蹈、岁时节令习俗舞蹈、宗教祭祀舞蹈等）、传统戏剧（地方戏曲、民族戏曲、宗教祭祀戏剧、皮影戏、木偶戏等）、曲艺（评书、鼓书、相声、快板等）、传统体育、杂技、游艺。

③社会实践、礼仪、节庆活动。主要包括民间信俗、饮食习俗、服饰习俗、

居住习俗、交通习俗、生产商贸习俗、人生礼仪、日常生活礼仪、婚嫁礼俗、丧葬礼俗、传统节庆礼俗、少数民族节庆礼俗等。

④有关自然界和宇宙的知识和实践。主要包括物候天象知识和实践、地理水文知识和实践、数学知识和实践、传统医药知识和实践、动植物知识和实践、矿物知识和实践等。

⑤传统手工艺。主要包括工具和机械制作技艺、农林牧渔产品加工技艺、造纸技艺、印刷及装裱技艺、锻铸技艺、雕塑技艺、烧制技艺、木作技艺、糅饰技艺、纺染织绣技艺、编扎技艺、字画技艺、剪刻技艺、炮制技艺、酿造技艺、烹饪技艺、建筑营造技艺、园林景观营造技艺等。

虽然国际国内相关文件中均已明确界定了非物质文化遗产概念及其涵盖的内容，但并不意味着我们就可以满足于此而停止探讨。非物质文化遗产保护即使在国际范围内也是一个新兴且发展迅速的新事物，人们对非物质文化遗产的认知也在逐步深化。因此，对非物质文化遗产包含的内容在《中华人民共和国非物质文化遗产法》中就单独列出了一项“其他非物质文化遗产”，既可以涵盖前五项以外的其他非遗项目，又可以为将来新发现的非遗项目在法律规定上留下空间。

《保护非物质文化遗产公约》中对非物质文化遗产的界定，不仅充分体现了“非物质文化遗产”区别于“物质文化遗产”的“无形性”特征，而且又把非遗中的“无形性”与其“有形性”辩证地联系起来。

非物质文化遗产的本体和载体二者紧密相连、不可分割，例如，没有古琴和演奏者，古琴艺术就无法呈现。也就是说，非物质文化遗产只有通过物化的载体和作品才能呈现出来，所以，工具、实物、手工艺品等属于非物质文化遗产的组成部分，因为它承载着创造者的睿智、技艺和文化内涵。非遗中技艺和实物是无法截然分开的。当我们谈论非物质文化遗产时，其焦点并不在于其可见的物质载体或是表象的存在形式，而是深藏在其后的精湛技艺、独特思维模式及丰厚的精神文化底蕴等非物质层面的本质。这些非物质要素才是构成非物质文化遗产核心价值的关键所在，它们超越了有形物体的局限，直抵文化的心灵深处。技艺的传承，往往是非物质文化遗产生命力的直接体现。每一种技艺的背后，都凝聚着无数匠人的心血与智慧，这是他们对美的不懈追求与卓越创造力的集中展现。从细腻的手工艺到复杂的表演艺术，每一道工序、每一次演绎，都在诉说着一段段不为人知的故事，承载着一代代人的情感与记忆。独特的思维方式，则是非物质文化遗产的智慧源泉。不同的文化背景塑造了各异的认知框架与世界观，这些思维模式渗透在日常生活的方方面面，影响着个体的行为选择与价值判断。非物质文化遗产中的思维方式，常常能展现出人们对自然界的敬畏、对社群和谐的向往、对生命意义的思考等普世情感，进而让人感悟宇宙的奥秘。而精神文化内涵是非物质文化遗产的灵魂所在。它包含了宗教信仰、道德伦理、审美情趣等多种元素，构成了文化的内在支撑。无论是民间传说、节庆仪式，还是文学艺术，都深深植根于特定的文化土壤，能够反映出一个民族或地区的精神特质与集体记忆，进而增强社会成员之间的归属感与认同感，它是维系文化连续性与多元性的重要纽带。这些无形的精神因子，是非物质文化遗产的灵魂，是具有极高价值的宝贵财富。

那么，非物质文化遗产与物质文化遗产又有什么区别呢？当“非物质文化遗产”之无形特征和有形特征在具体空间和时间过程中处于一种活生生的“不可分离”的状态时，它所涉及的那些实物和文化空间此时应该被称作“非物质文化遗产”（无论它是宏伟的建筑还是精美的工艺作品）；而当这种活态联系因各种内外原因（如附着于其上的文化传承断裂或实物被从原生文化空间中劫掠而被放置在另外一种文化空间之中）而中断时，虽然这些精美的文化产品本身并没有发生任何变化，然而其作为文化遗产的性质则随之发生了根本的改变：它在失去了作为“非物质文化遗产”的活态属性之后，变成了“物质文化遗产”。

从有关非物质文化遗产的概念及其涵盖的内容可以看出，非物质文化遗产主要表现为人们的传统生产方式和生活方式。非物质文化遗产，深深植根于人民的生活土壤，是由人类智慧创造、维护与享受的独特文化形态。它的存在和流传离不开人的参与，无论是创造、传承还是体验，都是围绕着人这一核心要素展开的。其独特之处，在于它以声音、形体以及技艺等形式加以呈现，且主要通过口头传授与心灵感应的方式得以延续，可展现出一种灵动而变化的特质，而非静止不变的状态。非物质文化遗产之所以拥有持久的生命力，是因为历代传承者在接续的基础上持续进行创新与再造。每一时代的传承人都会在原有的文化内涵上注入新的元素，使之贴合当时社会的文化环境和审美趣味，从而使传统文化得以更新换代，生生不息。这样的动态演变，不仅丰富了非物质文化遗产的表达方式，也确保了它能满足不同历史时期民众的精神文化需求。既然非遗是处于发展演进中的活态文化，那么，对其应以辩证的、发展的眼光去看待，不应以固化不变的尺度去评判。

非物质文化遗产既包括各种传统文化表现形式，也包括与之相关的文化空间，

在地球村的文化海洋里。更重要的是，这些民间艺术作品中蕴含的思想与情感，以及艺术家的创作手法与技巧，体现了人类对于美与善的普遍追求，展现了艺术创造的无限可能性。我们聆听蒙古族长调民歌会感受到草原的宽广；聆听江南民歌会感受到水乡的秀丽；聆听西部民歌会感受到高原的厚重；聆听佤族民歌会感受到阿佤人民的激昂等。这些民歌作为活态艺术依然存活于当代。各民族的传统舞蹈更是多姿多彩，熔铸着不同民族审美风尚的民间舞蹈能带给人们不同的审美愉悦。

中国剪纸是一种源远流长的传统民间艺术形式，它以其独特的艺术魅力和深厚的文化底蕴，展现了中华民族的审美情趣和文化自信。剪纸艺术不仅仅是简单的剪切技艺，它融合了中国传统文化中的吉祥寓意、民间信仰和审美观念，通过剪刀和纸张的巧妙结合，创造出形态各异、生动活泼的艺术形象。

剪纸艺术的审美价值体现在多个方面。首先，它具有极高的装饰性，无论是用于窗户的装饰，还是作为节日庆祝的挂饰，剪纸都能以其鲜艳的色彩和精致的图案，为日常生活增添喜庆和温馨的氛围。其次，剪纸艺术蕴含着丰富的文化内涵，它往往与中国的传统节日、民俗活动紧密相连，如春节、婚礼等，人们通过剪纸表达对美好生活的向往。最后，剪纸艺术的创作过程本身就是一种审美体验，艺术家在剪切过程中需要高度专注和发挥创造力，每一次剪切都是对美的探索和表达。

非物质文化遗产是一座无比丰富的民间艺术宝藏，其中蕴藏着大量的文学艺术创作原型和素材，也是我国新时代文艺创作之根。各种民族的、民间的、地方的艺术形态，体现了生命的自然创造力，是艺术创造的源泉。如古希腊的神话曾经启示了欧洲一代又一代的小说家、戏剧家；我国《诗经》中的“国风”曾培育了历代杰出诗人。可以说，如果没有众多的民间故事、传说，也就不会有蒲松龄的《聊斋志异》；如果没有陕北民歌、河北民歌，就没有《东方红》《北风吹》等。丰富宝贵的民间艺术资源是历代文学艺术创作不竭的源泉。自中华人民共和国成立以来，我国艺术创造领域以古代神话、民间传说、文学典籍等为素材进行改编或再创造并获得巨大成功的实例并不鲜见，像电影《刘三姐》、越剧《梁山伯与祝英台》、黄梅戏《天仙配》、小提琴协奏曲《梁祝》等，都已成为深受广大人民群众喜爱的经典之作，甚至成为世界艺术宝库中的瑰宝。这些成功的艺术改编与创新，不仅没有对原有的非物质文化遗产造成任何损害，反而使它们家喻户晓，极大地扩大了它们的影响力。

（四）科学认知价值

非物质文化遗产作为动态传承的文化瑰宝，汇聚了世代民众的智慧与洞察力，映射了历史上各个时期人类生产力的演变、科学技术的发展态势，以及民众的创新力与认知发展的水平。很多非物质文化遗产都含有一定的科学性、知识性，对现代人的生产生活依然有着重要影响。因此，非物质文化遗产具有科学认知价值。

众所周知，中国是世界上最早步入农业文明的国家之一。早在先秦时期，人们就已认同了“民之大事在农”的观念。随着农业的产生与发展，人们需要观察和掌握天象（日月星辰的变化）、物象（动植物随季节而生的变化）和气象（寒暑冷热的变化）及其规律，以合理指导和安排其生产和生活。为此，中国古人将太阳周年运动轨迹划分为 24 等份，每一等份为一个“节气”，统称“二十四节气”。二十四节气的划分就极具科学性，它的划分很科学地考虑了天文、气候、季节、物候、农作物生长期等因素，反映了我们的祖先在生活中和在与大自然接触的过程中，对自然界各种因素发展规律的认识和掌握。二十四节气是中国人通过观察太阳周年运动，认知一年中时令、气候、物候等方面变化规律所形成的知识体系和社会实践。至今，二十四节气仍然在一定程度上指导着我们的农、林、牧、渔业的生产。2016 年 11 月，中国申报的“二十四节气——中国人通过观察太阳周年运动而形成的时间知识体系及其实践”被联合国教科文组织列入《人类非物质文化遗产代表作名录》。

（五）经济开发价值

非物质文化遗产不是静止和凝固的，它是在历史长河中流变发展的，在发展中代代相传、生生不息。所以，非物质文化遗产保护的首要任务应该是在当代寻找其赖以生存和发展的新基础和新模式。我国的许多非物质文化遗产既具有精神层面的价值，也具有经济开发的潜在价值，即具有经济开发的可能性，如传统手工艺、民间艺术、民俗资源等。非物质文化遗产集文化优势与地缘优势于一身，对非物质文化遗产中有开发潜质的文化资源实施生产性保护，重视对其进行有效的开发利用，对于弘扬地方优秀的民族文化、发展地方经济至关重要，不仅可以惠民、富民，使传承人等与非物质文化遗产有直接利益关系者的生活得到改善，还能增强非物质文化遗产自身的造血功能，促进非物质文化遗产的传承。

全球各地的国家和地区都在探索如何在保护非物质文化遗产的同时，实现其经济价值的开发。相应策略在许多国家得到了成功实施，如日本和韩国就非常注重发掘和保护本国民俗文化，这两个国家以传统礼仪和节庆仪式为特色，吸引了大量的国内外游客，从而带动了当地经济的发展。日本和韩国的举措不仅保护了传统艺术形式，还为游客提供了深入了解当地文化的窗口。这样的活动不仅丰富了游客的体验，也为当地居民带来了经济收益，实现了文化保护与经济开发的双赢。此外，瑞士、芬兰和英国等国也非常重视保护本国的少数民族文化。通过创造良好的保护和传承条件，这些国家不仅保护了独特的文化资源，还通过文化旅游项目创造了巨大的经济收益。这些成功的案例表明，文化保护与经济开发并非对立的关系，而是可以实现和谐共生。通过国家合理的规划和管理，非物质文化遗产不仅可以得到有效的保护，还可以为当地乃至全球的经济发展作出贡献。

在合理地开发非物质文化遗产经济价值的实践中，我国许多地区将非物质文化遗产作为旅游项目开发，取得了令人瞩目的经济效益，文化旅游产业成为我国旅游业的重要组成部分。文化是旅游的灵魂和基本内涵，依托充满地域特色、魅力独特的非物质文化遗产资源，合理开发富有特色的文化旅游项目，实现文化与旅游的深度融合，可实现非遗保护与旅游产业的良性互动、共赢发展。对已经成为旅游景点的一些少数民族传统村落，在不改变本地民众生产生活秩序的前提下，宜采用民族文化生态村开发模式，综合利用本地自然遗产、物质文化遗产和非物质文化遗产，尤其应重视合理利用本地的非遗项目和资源，通过展示、展演，凸显出民族文化的独特风貌，并使游客能身临其境地体验、参与民俗活动和民间手工艺制作及传统艺术表演，如游客可参与传统村落、民族村寨中的各种民俗节庆活动，与当地民众一起欢快地跳锅庄、扭秧歌、荡湖船、舞龙灯等。文旅融合既可丰富游客的文化体验，又能促进非遗的传承传播，还可促进民族地区的经济发展。

在市场经济与消费文化的背景下，经济开发价值是非物质文化遗产的一种关键价值表现形式。在推进非物质文化遗产的开发利用工作时，我们需坚守“保护为主、抢救第一、合理利用、传承发展”的指导原则，妥善平衡保护与传承、开发与利用之间的关系，力求在开发进程中强化保护工作。

以上是从宏观视角对非物质文化遗产具有的各类价值进行概括和分析，但对具体项目而言，并非每个项目都具有以上五种价值，有些项目主要具有精神文化层面的价值，如一些口头传统及民间信仰、礼仪等具有历史传承价值、精神文化价值等，却没有走向市场的潜质，不具有经济开发价值，因此这类项目较难进行生产性保护。所以，分析非物质文化遗产的价值，应科学审视不同类型非遗的特性，注重项目自身的特殊性和其所具有的独特价值，采取具体项目具体分析的方法，才更为科学和符合实际。

总之，非物质文化遗产具有多重价值，构成了多维度、多层次的价值体系，我们应科学地认识非物质文化遗产的价值，以合理的方式促进其价值的实现。

第二节　非物质文化遗产保护的原则

联合国教科文组织通过的《保护非物质文化遗产公约》指出："'保护'指采取措施，确保非物质文化遗产的生命力，包括这种遗产各个方面的确认、立档、研究、保存、保护、宣传、弘扬、传承（主要通过正规和非正规教育）和振兴。"自联合国教科文组织将"保护"提升至一定高度以来，其含义已远远超出了传统的文献研究或单纯展览范畴，而是指向了一套全面、综合的文化工程体系。这一体系涵盖了从田野调查、档案建立、学术探究，到人才培养、社区参与、国际交流等多方面的内容，旨在维护非物质文化遗产的完整性和生命力。首先，"保护"绝非纸上谈兵，而是要深入基层，实地接触并记录那些珍贵的文化表现形式，进而对其进行细致的考证与评估。我们可以通过田野调查，搜集第一手资料，为后续的工作奠定坚实的基础。同时，我们应建立详尽的非物质文化遗产数据库，采用数字化技术将其长久保存，这既便于研究分析，也有利于知识普及。其次，"保护"要求我们对非物质文化遗产的深层文化意蕴与美学价值进行深入挖掘，这需要我们构建跨学科的专业团队，运用多种理论工具和方法论，对非物质文化遗产进行综合性解读。只有这样，我们才能真正理解非物质文化遗产的核心价值，增强其社会功能。尤为关键的一环是，我们需要对传承者进行支持与关怀。他们是非物质文化遗产活的载体，是其文化生命的延续者。提供必要的教育机会、生活保障，鼓励年轻人学习继承，是保证非物质文化遗产薪火相传的必要措施。最后，对非物质文化遗产进行保护不应局限于封闭的环境，而是要走向大众，融入日常生活，通过展览、演出、媒体传播等方式，让更多人了解、欣赏并参与到其中，形成广泛的社会共识与文化氛围。要做好非物质文化遗产保护工作，笔者认为应当遵循以下原则。

一、本真性

“本真性”，源自英语词汇“authenticity”，该词在字面上蕴含着真实无伪、原汁原味、虔诚守信的多重意境。自20世纪60年代起，这一概念渐入文化遗产保护领域，成为国际共识，象征着保护文化遗产的真实面貌与初始状态的最高标准。1964年,《威尼斯宪章》的颁布，首次明确了本真性在文化遗产保护领域的核心地位，倡导“将文化遗产真实地、完整地传下去是我们的责任”，这凸显了其不可替代的重要性。《威尼斯宪章》中提出的观点认为，维护文化遗产的本真性，意味着人们保护的是未经人为修饰的、最初的、确切的历史遗迹，力求完整保留其所承载的所有历史文化信息。随后，1994年日本发布的《奈良真实性文件》进一步巩固了本真性作为文化遗产界定、评价、保护与监管的基础准则的地位，强调了其涵盖范围广泛，从物质实体延续到文化环境的“本体真实性”，再到历史见证的力量。坚持本真性原则，不仅能深化人们对文化遗产价值的认知，还能为保护工作提供正确的方向与实践路径。即便随着时间的推移和社会的变迁，本真性的概念在内涵上有所拓展，甚至超越了最初的经典定义，它所倡导的真实性追求，始终贯穿人类对历史的永恒探索与珍视。本真性原则，不仅是文化遗产保护的灵魂，还是衡量保护成效的标尺。它要求我们在保护实践中，遵循科学严谨的态度，抵制过度商业化与同质化的诱惑，致力于发掘和展示文化遗产的原貌，保留其独特的文化印记与历史精髓。无论是古代建筑、艺术品，还是非物质文化遗产，唯有在本真的基础上，我们才能真正体会到其跨越时空的魅力，领略到历史的厚重与文化的深邃。在经济全球化浪潮下，本真性愈发弥足珍贵。它提醒我们，在快节奏的现代社会中，不应忘记对真实与本质的追求，要保持一颗敬畏之心。对待文化遗产，我们要如同对待自己的过去一样，尊重、爱护、传承，让每一件文化遗产都成为连接过去与未来、联结不同文明的桥梁。

民间活态文化，作为农耕文明的瑰宝，是在特定的文化生态背景下孕育并发展起来的。然而，随着社会的深刻转型，人们的生产方式、生活方式以及文化生态环境均发生了显著变化，这就导致原生态的传统文化正面临衰退或变异的挑战。具体而言，随着电视、书籍、报纸、互联网等现代传媒手段的广泛普及，传统民间文艺的吸引力已大幅减弱。与此同时，大量农村劳动力向城市转移，投身于打工与经商活动，这直接导致了众多与农事活动紧密相关或在农闲时期举行的民间文化活动逐渐式微乃至消失。当前，年轻一代的娱乐偏好已转向以手机、电脑为载体的数字技术娱乐方式，如电子游戏、短视频平台（如抖音）等，而学习民歌民谣等传统艺术形式的人数则显著减少。这一趋势使得民间原生态非物质文化遗产的数量日益缩减。值得注意的是，这些流传至今的非物质文化遗产往往依赖于口头讲述和行为传承等动态方式存在，它们不断适应着变化的社会环境和文化语境，并生动表达着当前传承者的真实情感。这一特性无疑为我们在非物质文化遗产保护工作中坚守本真性原则带来了诸多挑战。

笔者认为，坚持本真性，对物质文化遗产与非物质文化遗产有不同的要求。物质文化遗产，如文物、历史建筑、文化遗址等，要求从物质形态上就要真实地、不容改变地加以保护，即要保护原生的、本来的、真实的历史原物，保护它所遗存的全部历史文化信息。而非物质文化遗产是活态文化，它要在传承中不断发展变化，它具有流变性，没有任何改变是不可能的。因此，对非物质文化遗产而言，坚持本真性的保护原则，就是要在传承发展中保持非物质文化遗产本身的DNA，即该项目的核心技艺、核心价值，项目的本质特性不能改变。如国家级非物质文化遗产蔡氏漆线雕技艺，为了使项目更好传承、发展，以适应当代人的审美需求，其漆线雕作品在题材、载体、风格、样式等多方面进行了创新，但它们不失项目的核心元素和典型特征——线条的艺术和纯手工技艺，以保持项目的本真性，并使项目的保护与传承步入了良性循环发展的轨道。

保护非物质文化遗产，体现的是对文化多样性和人类创造力的尊重。所以，开发利用非物质文化遗产，必须本着一种尊重的态度，既要尊重其形式，又要尊重其内涵。所谓形式，是指非遗的外在表现方式。

实际情况表明，非物质文化遗产保护所遇到的最大障碍，并非客观因素所导致的破坏，也非技术保护措施的完全缺失，而是源于人们种种片面的认知与错误的实践行为。这依然是当前非物质文化遗产保护工作中亟待解决的重要问题。

二、整体性

中国拥有古老而又广袤的土地，孕育了世界上最为丰富多彩的非物质文化遗产，其博大精深的文化底蕴，远远超出了个别“代表作”和零碎“文化碎片”的范畴。我们的非物质文化遗产，既包罗万象，涵盖了广阔的内容与表现形式，又深深植根于特定的地理与人文环境，构成了一个有机的整体。因此，我们主张的保护之道，不应局限于片面的视角，而应追求全方位、立体化地展现与维护人类文化的多彩风貌。而“整体性”，正是这一保护理念的核心所在。它要求我们在保护非物质文化遗产时，不仅要关注其外在的表现形式，更要深入了解其内在的文化生态，包括传承人及其生活环境。换言之，整体性保护意味着我们要全面把握非物质文化遗产的全貌，从多个角度入手，进行系统性、综合性的保护。需要注意的是，保护非物质文化遗产，不仅是保存其技艺与表演本身，还要重视那些无形的支持网络，如语言、信仰、节日庆典、自然景观乃至整个社区的传统生活方式，因为这些都是非物质文化遗产生命力的源泉。没有这些相互关联的因素，非物质文化遗产就会失去其真正的韵味与价值。整体性保护还涉及跨学科的知识融合与合作，需要政府、学术机构、社区居民以及所有相关方共同努力。通过开展广泛的调研、制定合理的政策、发动社会公众参与，我们可以构建一个可持续的保护框架，确保非物质文化遗产在现代社会中继续发挥作用。

非物质文化遗产作为一个复杂且动态的文化综合体，由一系列具体的文化现象组成，每一个环节都至关重要。在保护非物质文化遗产的过程中，我们不仅要重视其表面形态的保存，更要深入理解其内在的丰富性和生命特质。这意味着，我们不仅要着眼于非物质文化遗产本身，还要关注其所处的生态环境——孕育其生长发育的土壤。我国众多的传统习俗与地方特色，深深扎根于特定的文化生态环境。无论是壮丽的山水风光、浓厚的地方风土人情，还是独特的历史背景、社会制度，都是构成非物质文化遗产不可或缺的部分。离开了这些支撑其存在的环境，非物质文化遗产就如同失去水源的鱼儿，无法展现其应有的风采与魅力。

因此，在保护非物质文化遗产时，我们的首要任务就是保护其生态环境。这不仅涉及物质层面的自然环境，还包括社会、经济、政策等多个维度。我们要改善和优化非物质文化遗产的生存条件，使其能够在适宜的环境中继续繁衍生息，保持其原有活力与特色，进而实现可持续发展。

非物质文化遗产的整体性保护原则，在空间与时间两个维度上均有体现。人类文化遗产分为有形与无形两种形态。有形的静态遗存，如古建筑、雕塑、艺术品等，它们固定存在于特定的空间里，是不可再生的实体，承载着过往的记忆，代表着特定的时代符号。而无形文化遗产，则是一种流动性强、持续发展的文化形态，深深植根于民间生活，是不断生长的传统生活方式与行为规范。这种文化形态贯穿于过去、现在乃至未来的整个历史脉络，始终处于更新与创造的过程中，其演化进程受到其所处环境的深刻影响，不受单一意志的控制。非物质文化遗产作为活态文化，存在于不断流转的历史长河中，随时间的推移和社会的变迁而自然演化，不会停滞不前。它既能保持民族文化的基本精神内核，又能顺应时代潮流，适时融入新的文化因子，实现自我更新与提升。比如，古老的民歌、传统舞蹈、手工艺术等非物质文化遗产，在经历数百年乃至千年的传承后，仍能展现其魅力，同时也不断接纳着现代元素，呈现出多元共生的生态特征。正如一部流动的史诗，非物质文化遗产在时间的洗礼下不断积淀与重构，形成了一种跨越时空的对话机制，这既是对过去的尊重与追忆，也是对未来愿景的期许与展望。例如，中国传统节日如春节、端午节、中秋节等，虽历经岁月更迭，但依旧承载着浓厚的民族情感与文化认同，同时又吸收新意，焕发新生，成为连接古今、沟通中外的桥梁。

保护非物质文化遗产的整体性，意味着要确保其构成要素的全面性和连贯性。每一种非物质文化遗产，无论是精妙的手工艺、古老的音乐，或是复杂的庆典习俗，都是多元技能与知识交织而成的复合体。如果仅侧重保护个别组成部分，而不顾及其他，就好比试图拼凑一幅仅有碎片的画面，这样的做法注定无法还原其原貌。因此，要想实现非物质文化遗产的有效传承与维护，我们需要对其进行全方位的覆盖，确保每个细节都得到妥善保护。

要实现对非物质文化遗产的整体性保护，就要重视对非物质文化遗产的载体——语言的保护和传承。现在一些少数民族语言和地方方言处于濒危状态，若不加以重视，不及时抢救，其就会消失，消失一种语言意味着就会丢掉一座宝藏。只有保持中华民族语言的多样性，才能保持中华民族文化的多样性，才能实现对众多的非物质文化遗产项目的整体性保护。

三、可解读性

非物质文化遗产是丰富多样的文化形态，其多姿多彩的文化事象中有着厚重的文化积淀，蕴含着需要挖掘、辨识和继承、弘扬的文化内涵和文化精神。可解读性是指我们能够从历史遗留下来的非物质文化遗产中辨识、解读出它的历史年轮、演变规律，尤其是内在的精神寓意。

每一个民族的非物质文化遗产都是其独特文化遗产中非常重要的一部分，其深深植根于民族传统的土壤，记录着构成该民族文化根基的原生态生活模式与行为准则。非物质文化遗产不仅能展现民族的思维方式与心理模型，还承载着深层次的价值观与信念，堪称民族的身份标识与精神支柱，被誉为“民族之魂”“民族之根”。深入探索非物质文化遗产，我们总能发现其背后蕴藏的深厚文化意义。比如，中国民间剪纸与年画中的抓髻娃娃形象，就生动诠释了普通百姓心中的护佑神祇，反映了先民朴素的世界观，以及他们对美好生活的无限向往。这些古老的图案与符号，穿越了千年的时光，至今仍然鲜活地存在于人们的日常生活中，传递着亘古不变的人文情怀与生命哲理。换言之，非物质文化遗产不仅仅是静态的历史遗留物，更是活生生的、不断演变的民俗现象，它们伴随着民族的成长而成长，影响着一代又一代人的思想观念与行为习惯。在现代社会，虽然许多传统文化习俗可能表面看来已经淡化，但在深层次意识里，它们依然是维系族群凝聚力、强化文化认同感的重要纽带，是民族记忆与智慧的结晶。在我国广大农村地区，农家妇女利用剪刀和巧手剪出了形态各异、多种多样的抓髻娃娃。这些娃娃各司其职，分别寄寓着祛病、祈雨抗旱、祈望丰收等愿望，这些艺术符号中传达出的意念纯朴而丰富。随着时代的发展，我国民间抓髻娃娃的变体越来越多，蕴含着新的内涵，同时它的社会应用范围也不断扩大。

又如，浙江省级非物质文化遗产代表性项目“十六回切”，民间素有桐庐的“满汉全席”之称，它始于南宋，盛于明清，传承至今。“十六回切”看似是简单的筵席名称，实则蕴含着丰富的文化内涵。“十六”既是菜品数量的一个回合，菜品的每一个系列都上“四四十六”道，又暗合“事事六合”。“六合”指上下和东西南北四方，泛指天下或宇宙。这个数字的运用，体现了“民以食为天”“天人合一”的中国古典哲学思想。“十六”也暗含“十全十美”“六六大顺”之意。“十六回切”以四个菜为一组，共由四组组成。在味觉上，“四”代表酸甜苦辣四味，指代各种味道，亦指人生百味。在时空上，“四”既暗含春夏秋冬四季，又指东西南北四方，即“四象”。在道德层面上，“四”则是指“中正仁义”。这些寓意体现了中国传统哲学思想和儒家的伦理道德观念。

在保护与传承非物质文化遗产的进程中，深入解读并充分挖掘其内在蕴含的精神观念应当成为我们工作的核心要点。非物质文化遗产的精髓，从根本上讲，植根于其精神价值，这种价值体现在人类与该文化形态之间复杂而深刻的联系上。

若仅仅局限于对文化形式的机械复制与传承，而忽视对其深层内涵的阐释与理解，那么，我们所努力保留与弘扬的，将仅仅是一个失去了灵魂与历史厚重感的空壳，其真正的历史文化价值也将随之湮灭。事实上，每一项非物质文化遗产都是一座精神富矿，蕴藏着丰富的思想内涵与文化哲理。以中国传统文化中的中医药文化为例，它不仅是中华优秀传统文化中不可或缺的一环，更是中华民族智慧与精神追求的集中体现。中医药文化深深植根于“天人合一”的古老哲学思想，其将阴阳五行视为生命体与自然界共有的基本属性，并通过取类比象的独特思维方式，来探索与揭示生命运动的基本规律。这一文化体系，不仅是人们对生命本质与疾病现象的深刻认知，更是一种关于生命智慧与生存哲学的文化表达，可以体现出人与自然和谐共生的生命文化理念。

然而，要挖掘和解读各种非物质文化遗产的精神价值并非易事，因为非物质文化遗产的精神内涵非常丰富且复杂，这是由这部分文化遗产的特点决定的。

其一，非物质文化遗产具有历史性。中国这片古老的土地，承载着数千年的文明史。自原始社会以来，由原始宗教与各类艺术共同构筑的民间文化便已初露锋芒，犹如群星璀璨，预示着文明的曙光。在多元化的农业经济体系支撑下，各式各样的民间文化竞相绽放、延绵不绝，构成了中华民族灿烂的文化图谱。其中，以人类自身为媒介、经由世代沿袭传承的民俗文化，无疑是最具生命力的一种文化现象。它伴随人类社会一同进步，记录着族群发展的轨迹。民俗文化是由各个民族在漫长的生产劳动及日常生活中逐步锻造而成的社会风俗习惯，随着时间的流逝，其逐渐固化为一种深入人心的文化习俗。它包罗万象，从信仰仪式到生活细节，无所不含，能够映射出民族的思想观念、价值取向、审美偏好等多个层面。可以说，在民族传统文化的宝库中，民俗文化占据了举足轻重的地位。人类诞生之初，习俗也相应萌芽。每个民族的民俗事象都蕴藏着深厚的历史底蕴，凝集了数代人的智慧结晶。譬如，我国的春节源远流长，最早可追溯到古代的“腊祭”。这一节日的起源，深深植根于先民对丰收的感恩，寄托了人们对来年五谷丰登的美好期盼。农历十二月称腊月，古人有祭祀庄稼神和收获神的习俗。这是因为当时社会生产力极为低下，人们借“腊祭”感谢神灵、祖先的恩惠，并祈求来年神灵继续降赐吉福。历经数千年风雨沧桑，春节的庆祝形式不断丰富，成为中华民族最具代表性的传统佳节，涵盖了辞旧迎新、祭祀祖先等一系列习俗，深刻体现了中华儿女对家国情怀的执着坚守。所以在相当长的时期内，在春节祭神祀祖是民间第一要事。

汉代以后，春节习俗发生了变化，主要表现在朝廷“纵吏民宴饮”，民众“美服盛饰”，拜年活动也开始流行起来。此后，在宋代，又出现了投递“拜年帖”的风气，叫“送门状”“送飞帖”。年画则源于门画，旧称“门神”。到了明代，随着商品经济的发展，市民阶层扩大，门神画中盛行财神爷。随着人们避害趋利心态的发展，春节习俗中的各种民俗事象也变得丰富起来。除夕“换门神、挂钟馗、钉桃符”均含辟邪之意。人们在节日里放鞭炮，起初也是为了辟邪。春节期间衍生出的习俗也越来越多。春联写吉语，年画绘吉祥图，均有祈祷吉福的意味。长辈给晚辈压岁钱，希望晚辈平安健康；饺子内包一小钱，谓吃到者有福；将柿饼、红枣、栗子、桂圆等共放一盒中，谓“百事大吉盒”；等等。在历史发展的长河中，春节由上古时代的“腊祭”，衍生出了多种多样的习俗，而其中蕴含的精神内涵也非常复杂，对其进行解读自然并非易事。

其二，非物质文化遗产具有独特的传承方式。非物质文化遗产中的艺术作品，凝结了民间创作者非凡的创造力与独树一帜的艺术见解，它们深深扎根于人们的日常生活与内心世界，可以彰显出浓厚的地方色彩和个人风格。在过往的农耕文明时期，人类社会处于小范围自给自足的状态，当时的人们对周边环境保持着深深的依恋与崇敬。受地理条件的限制，人们的生存方式紧密依赖自然资源，所以对本土文化充满了深厚的感情。正是这样独一无二的生活境遇与个体特质，催生了一群才华横溢的工匠与艺人，他们凭借自己的敏锐洞察力与非凡想象力，创造了无数令人叹为观止的文化瑰宝，并为民族文化画卷添上了浓墨重彩的一笔。这些传统艺术与手艺的流传，主要依靠家庭内部或师徒间的口耳相传与亲身示范，以此逐渐积累、提炼与优化，最终形成了各自的特色与流派。每一件艺术品或每一次表演，无不蕴含着创作者对周遭世界的深刻理解和审美倾向，所以后人在欣赏与解读时，可以细细品味其中蕴藏的情感与思想脉络，感悟其背后的生存哲理与生活态度。非物质文化遗产的艺术表现，之所以拥有如此强烈的个性化魅力，关键在于其能直接反映普通百姓的心声与愿景。每个艺术家的作品，都是他们心灵的写照，透过其艺术手法的选择与表达，观众可以感受到创作者对生命奥秘的探索、对自然法则的领悟，以及对人间百态的细腻观察。这份真挚赋予了作品无可复制的灵魂，使得非物质文化遗产不仅成为历史的见证者，更成为跨越时空的情感纽带，让人与人之间产生了超越言语的情感链接。因此，保护与传承非物质文化遗产，不仅仅是对技艺本身的留存，更是对那份源自心底的热爱与追求的永恒守护。在快速变革的今天，我们更有责任去聆听这些古老声音的回响，去触摸那未被时光侵蚀的艺术温度，让每一个个体的故事与梦想得以在历史长河中继续流淌，绽放属于它们的光彩。

第三节 非物质文化遗产保护的方式

一、抢救性保护

《国务院办公厅关于加强我国非物质文化遗产保护工作的意见》(国办发〔2005〕18号)，明确提出了我国非物质文化遗产保护的基本指导思想，即“保护为主，抢救第一，合理利用，传承发展”。在这四项原则中，“抢救第一”被赋予特殊的重要性，被视为应对非物质文化遗产保护工作的一项紧迫而关键的任务。“抢救第一”的提出，体现了我国政府对非物质文化遗产现状的高度警觉，以及对濒危项目命运的深切关怀。许多非物质文化遗产正处于生死存亡的关键时刻，如果不立即采取行动，它们可能会永远消失在历史的长河中。这一方针旨在号召全国上下紧急动员，优先处理那些面临灭绝威胁的非物质文化遗产，并采取积极措施，确保它们的生存与发展。“抢救第一”并不只是一句口号，它是实实在在的工作指南，涉及一系列具体的行动计划。从实地考察、记录整理，到人才培养、制度完善，每一环节都需要细致规划与执行。在实施过程中，工作人员还需要注重与当地社区的合作，尊重传承人的意愿，确保保护工作既能体现文化遗产的本真性，又能满足当代社会的需求。总而言之，“抢救第一”不仅是对非物质文化遗产的一种责任宣言，也是一项系统工程，它的成功实施，需要政府、学界、社会组织和全体民众的参与与支持。抢救性保护是指对濒危的非物质文化遗产代表性项目和年老体弱的代表性传承人紧急采取调查、记录、建档、实物资料征集、带徒授艺等措施，最大限度地维系非物质文化遗产生命力的保护方式。抢救性保护是构建非物质文化遗产保护体系的重要内容，是非物质文化遗产保护工作的第一要务。

（一）抢救性保护的必要性

踏入21世纪，我国非物质文化遗产保护事业迎来了前所未有的发展机遇，相关部门建立健全了覆盖国家至基层的四级名录体系和代表性传承人保护机制，这使得大量优秀文化遗产得到了有力的守护，许多一度面临失传风险的项目也因此获得了新生，步入了稳定发展的康庄大道。然而，正如硬币的另一面，现代化的滚滚洪流与城镇化建设的迅速扩张，深刻改变了原有的文化生态环境，挤压了传统民间文化的生存空间，导致非物质文化遗产的传承链条面临断裂的风险。尤其是那些依托口耳相传的口头民间文化遗产，例如民间故事、口头传统、史诗、传说、俚语、民歌等，因其缺乏文字记录，仅凭一代代人口述传承，如今正承受着巨大的生存压力。生活节奏的加快，加上商业化的侵扰，让年轻一代逐渐远离了这些看似“遥远”的文化形式，这加剧了非物质文化遗产被遗忘的速度。

当前，承载着独特绝技与艺术精髓的传承者，多数已步入耄耋之年，正面临生命活力的衰退高峰期，且其技艺传承面临断层，缺乏年轻血液的注入。若未能及时且系统地记录并保存这些老一辈艺术家所承载的民间艺术瑰宝，我们将不可避免地促成“艺随人亡”的遗憾局面。这些年迈且健康状况欠佳的传统艺人，在内心深处极为期盼其毕生所学能够得以延续，后继有人。以河南灵宝的道情皮影为例，该艺术形式源自清代中叶，是当地艺人巧妙融合宣传道教经义的道情戏与皮影艺术而创造的独特文化瑰宝，曾在陕西、山西、河南等地广泛流传。中华人民共和国成立初期，灵宝地区众多村落均拥有独立的道情皮影戏班，随后该地区更是成立了专业的道情皮影剧团。自20世纪80年代以来，道情皮影艺人频繁赴全国各地进行演出与交流，参与了诸如广州中华百绝博览会、五台山国际旅游节等众多知名节庆活动，吸引了国内外众多专家学者前来考察研究，并多次走出国门，为中华民族的艺术瑰宝赢得了国际社会的广泛赞誉。然而，自20世纪80年代中期起，一批资深道情皮影艺人相继离世。在实地调研过程中，民间艺术传承乏人的现象屡见不鲜，这令人深感忧虑。

从当下情况看，民间文化面临着极为严峻的保护挑战，其主要体现在两大方面：一方面，少数民族民间文化正处于极度濒危的境地；另一方面，传承人的问题也日益凸显，尤其在民族地区，传承人的濒危现象更为显著，亟须引起我们的高度重视。在此背景下，民间文化工作者承担着拯救这一宝贵财富的重要使命。

他们的首要任务便是抢救，这一行动相较于研究而言，具有更为关键的意义。客观来说，当前非物质文化遗产的抢救性保护工作已刻不容缓。

除此之外，以往人们搜集并整理的图文及音像资料正面临“再度抢救”的紧迫需求。与此同时，少数民族典籍的维护与修复工作亦需迅速推进。为了有效保存这些蕴含着少数民族文化精髓与遗产的珍贵书籍，我们必须立即着手实施紧急修复措施，确保它们能够得以持久传承。

（二）抢救性保护已有的实践

非物质文化遗产兼具流动性和敏感性。“抢救第一”不仅是一种紧迫的呼吁，更是我们保护非物质文化遗产时应长期坚守的原则。基于此，存在两种核心的抢救性保护途径，两者相辅相成，共同构筑了坚实的保护屏障。一种是调查、收集、整理、研究的方法，通过深度挖掘非物质文化遗产的历史脉络，将其详尽记载，形成系统的文字与图像资料，再借助数字科技，实现永久性保存，让这些珍贵的文化遗存跨越时空限制，得以留存。这种方式侧重于文献记录与数字存档，以确保非物质文化遗产不会随时间的流逝而褪色，即使在物质载体缺失的情况下，人们也能凭借详细的资料复原其样貌。另一种则是直接针对处于极度危机边缘的项目，通过识别并设立濒危文化遗产清单与传承人名录，给予非遗重点关照与资金援助，促使这些岌岌可危的项目重新焕发生机。这种做法注重实战操作，强调即时救援与现场恢复，意在直接保护非物质文化遗产的实体形态，使之回归活生生的社会舞台，继续发光发热。两套保护措施并行不悖，前者着眼于长远，后者关注当下，在二者的共同作用下，我们能够极大提升非物质文化遗产的存活率，避免产生诸多无可挽回的损失。经过抢救性保护，无数濒临消逝的非物质文化遗产重获新生，为我们留下了弥足珍贵的历史见证与数字化遗产，其不仅保留了文化的多样性，更为未来的文化研究与社会发展积累了宝贵的素材。

1923 年 5 月 24 日北京大学风俗调查会的成立，标志着抢救非遗运动正式拉开序幕。在这股热潮的带动下，全国各地纷纷响应，各类民俗学会如雨后春笋般涌现，一场大规模的民间文学与民俗学研究浪潮蔚然成风。中山大学民俗学会、厦门大学风俗调查会等一系列机构的成立，不仅显示了学者对于民间文化遗产的高度重视，也促进了相关领域的深度探索。他们致力于收集整理歌谣、神话、传说、民间故事等丰富多彩的民俗资料，同时通过严谨的学术研究，提炼出了一批极具价值的成果，为后来的非物质文化遗产保护工作奠定了坚实的史料基础。这些研究成果，不仅丰富了我国的非物质文化遗产宝库，也增强了国人对本土文化的认同感。通过对民间文学与民俗学的研究，人们开始重新审视本国悠久的历史和灿烂的文化，并逐渐意识到保护和传承非物质文化遗产的重要性。值得注意的是，此次研究浪潮的兴起，对非物质文化遗产的抢救与保护起到了积极的促进作用。它提醒我们，每一种看似平凡的民俗现象背后，都蕴含着丰富的历史文化信息，都是不可再生的珍贵资源。只有给予其足够的重视，才能确保这些脆弱的文化遗产免遭遗忘与消亡。

在中华人民共和国诞生之后，党和政府对于非物质文化遗产的抢救及保护工作给予了高度的关注。为了守护和传承中华民族的优秀传统文化，政府推行了一系列保护措施，取得了显著的成果。从 20 世纪 50 年代开始，政府便组织专业团队对少数民族的历史、语言及风俗传统等进行了深入的普查，这些工作对于少数民族非物质文化遗产的抢救与保护起到了积极的推动作用。

1950 年 3 月 29 日，中国民间文艺研究会（1987 年改名中国民间文艺家协会）在北京宣告成立。自此之后，中国民间文艺研究会对我国各民族的民间文学、民间艺术开展过多次大规模的搜集、调查、整理和研究工作。20 世纪 50 年代，中国境内进行了大规模的少数民族社会历史调查，当时在云南做田野工作的学者看到独龙族、怒族、佤族、景颇族、傈僳族等民族中保留和遗存的种种“原始社会文化现象”，于是呼吁用影视的手段及时记录，遂得到文化部（今为文化和旅游部）的批准以及政府在财力、设备和人员上的支持。

2004 年 8 月，我国成为联合国教科文组织《保护非物质文化遗产公约》的缔约国。2005 年 3 月，《国务院办公厅关于加强我国非物质文化遗产保护工作的意见》中正式采用了“非物质文化遗产”这一概念，并提出了包含“抢救第一”的 16 字非物质文化遗产保护方针。其附件发布的《国家级非物质文化遗产代表作申报评定暂行办法》，不仅为准确、科学地认定非物质文化遗产代表作项目提供了评审标准，而且为建立国家级、省级、市级、县级四级非物质文化遗产名录体系提供了正确的理念和指南。各级非遗名录体系和代表性传承人体系的建立，使抢救性保护有了目标和依据，使濒危遗产得到了优先保护。

2005—2009 年，文化部领导实施的全国非物质文化遗产普查工作，不仅摸清了各地区、各民族非物质文化遗产的家底，而且认定和抢救了一大批濒危的非物质文化遗产代表性项目，可谓是21世纪我国非物质文化遗产抢救性保护的高潮。

非物质文化遗产作为活态文化，必须由人去传承、发展、延续，因此，传承体系的建立是非物质文化遗产抢救保护工作的核心。为了加强对代表性传承人的抢救性保护，从2013年起，文化部采取试点先行的做法，对国家级非遗代表性传承人开展了抢救性记录工作。2015年4月，文化部印发《关于开展国家级非物质文化遗产代表性传承人抢救性记录工作的通知》，同时下发《国家级非物质文化遗产代表性传承人抢救性记录工作规范（试行稿）》，正式启动国家级非物质文化遗产代表性传承人抢救性记录工作。该工程记录对象为所有国家级非物质文化遗产代表性传承人，优先记录年满70周岁以上的、不满70周岁但体弱多病的国家级代表性传承人。工作计划：2015年，启动300名年满70周岁以上及不满70周岁但体弱多病的国家级非物质文化遗产代表性传承人记录工作；2016年，开展70周岁（以2015年到龄为准）以上的其他国家级非物质文化遗产代表性传承人记录工作；2017—2020年，开展70周岁（以2015年到龄为准，含70周岁）以下的国家级非物质文化遗产代表性传承人记录工作。在“十三五”时期，全面完成国家级代表性传承人的抢救记录工作。此项工作，一方面采集了大量珍贵的代表性传承人进行非遗传承活动的数字化资源，全面记录、整理和保存了他们掌握的知识和精湛技艺，为后人留下了珍贵的文化基因；另一方面也为全面了解非遗代表性项目的传承情况和规律，分析掌握影响非遗项目存续发展的相关因素提供了依据。因而，对传承和弘扬传统文化、构建中华优秀传统文化传承体系具有重要意义。截至2018年，中央财政已累计对942名国家级非物质文化遗产代表性传承人的抢救性记录提供了资金支持。文化和旅游部非物质文化遗产司组织相关方面陆续开展了对以往抢救性记录工作成果的验收，并通过多种渠道对抢救性记录成果进行宣传利用。

各省、自治区、直辖市采取各项有效措施，积极开展对本地区国家级代表性传承人的抢救记录工作，取得了显著成效。为了更好地保存和传播代表性传承人的口述资料，浙江省非物质文化遗产保护中心于2015年便启动了口述史丛书编纂工作。2019年4月12日，该省第一批国家级非遗代表性传承人口述史丛书正式发布。此丛书共10本，以人为单元，一人一卷，生动记录了昆剧表演艺术家汪世瑜、瓯剧表演艺术家李子敏、姚剧表演艺术家沈守良、海宁皮影戏表演艺术家张坤荣等10位国家级非遗代表性传承人的多彩人生和艺术故事。

（三）抢救性保护的理念与对策

“抢救第一”是我国非物质文化遗产保护工作一贯遵循的核心原则，这意味着在任何时刻，我们都应当把保护放在首位，及时干预，防止文化遗产因种种原因遭受损害或消失。但是，如何具体实施这一方针政策呢？在不同的历史阶段和社会环境下，我们应该灵活采用多样化的保护策略，结合实际情况，精确出击，以求达到最理想的保护效果。非物质文化遗产的抢救性保护绝非一成不变的任务，它要求我们在实践中不断创新和完善保护手段。比如，在信息时代，我们可以借助数字化技术，对文化遗产的相关信息进行高精度的记录与存储，建立起庞大的数据档案库，确保文化遗产的相关信息不遗失；或者，我们可以通过培训新一代传承人，保证文化遗产代代相传，不断有新生力量加入保护行列；另外，我们还可以举办文化节庆、工作坊等活动，加深公众对非物质文化遗产的了解，激发全社会的参与热情，形成良好的保护风气。

1. 抢救性保护的理念

确保理念正确，是实施科学有效的非物质文化遗产抢救性保护的基础。长久以来，受制于复杂的内外部因素，部分人对民间艺术与传统技艺持有偏见，将其视为落后、陈旧的象征，认为其与现代社会格格不入。这部分群体要么漠视甚至轻视非物质文化遗产的存在，认为其无须挽救，主张顺其自然，听天由命；要么倾向于全面西化，企图将民间传统艺术强行融入所谓的主流文化体系。这两种极端的观点，都未能正确把握非物质文化遗产的真实价值与时代定位。非物质文化遗产，作为民族历史文化的重要载体，承载着丰富的知识、信仰和审美，可以反映一个民族的独特性格与精神追求。因此，对待非物质文化遗产，我们应当抱持一种开放包容的心态，既要珍视其原汁原味的传统特色，又要发掘其潜在的时代价值。只有树立正确的理念，我们才能在非物质文化遗产的抢救性保护中，做到有的放矢，精准施策，最终实现文化遗产的生命力延续，让这份宝贵的文化财富惠及后代。

非物质文化遗产的抢救性保护，不仅仅在于单纯地保留濒危文化遗产的形式，更为关键的是要在新时代背景下，赋予其持续存在与发展的生命力。这一过程既是静态的也是动态的，既要保存，也要传承，两者缺一不可。静态保护的主要手段包括记录、整理、保存和出版等，其旨在以文本、音频、影像等多种媒介固定非物质文化遗产的存在痕迹，构建一套完整的档案体系，以便于未来的查阅、研究和教育。通过建立代表作名录和传承人名录，我们能够进一步提升非物质文化遗产的社会地位，进而为后续的保护与传承打下坚实的基础。然而，真正意义上的抢救性保护，其实质在于活化濒危项目的内在生命，通过扶持和培养代表性传承人，确保非物质文化遗产能在民间得以持续生存。这是一场与时间赛跑的接力赛，每一位传承人都承担着承前启后的重任，他们不仅是非物质文化遗产的灵魂所在，也是其能否在现代社会中焕发生机的决定性因素。为此，我们应当采取一系列积极措施，通过设立专门基金、提供培训与教育资源、搭建展示平台等措施，全方位支持代表性传承人的工作与生活，帮助他们克服困难，保持创造力和动力。同时，我们要提高社会公众的参与度，通过宣传教育，提高人们对非物质文化遗产的认知，营造良好的保护氛围。在当今多元文化交流日益频繁的时代背景下，非物质文化遗产面临着前所未有的挑战与机遇。通过抢救性保护，我们不仅能挽救濒临消失的文化瑰宝，更可在一定程度上增强整个社会的文化自信和民族凝聚力。这一过程本身就是一次文化复兴之旅，能使非物质文化遗产得以跨越时空界限，以全新的姿态呈现在世人面前，展现出永恒的魅力和深远的价值。因此，在对非物质文化遗产实施抢救性保护时，应高度重视健全代表性传承人的抢救保护机制，使其掌握的丰富知识和精湛的技能技艺得到传承延续。

非物质文化遗产保护作为人类主体性和能动性的行为选择，其有效性同样必须以对本能自衍的人际呵护为前提，此即通常所说的对科学规律、社会规律或者文化规律的尊重。如果一种方言将要消失，对其进行录音的技术保护或者选一个传承人专门去讲，都不可能获得对这一方言的有效保护效果，唯一的方法就是活态保护，就是努力在特定社会边际内维系其赖以生存的土壤、环境和社会必要条件。非物质文化遗产的保护工作是一项复杂而细致的任务，我们不应仅仅局限于多媒体录制、静态展示或数据化存储这样相对被动的手段。当前，虽然我们已经积累了大量关于非物质文化遗产的研究文献、资料库以及数字博物馆资源，但这并不足以保证活生生的文化传统和民族精神得到完整延续。技术手段固然能够跨越时空障碍，实现远程传播与永久留存，然而，单纯依赖于此无法触及非物质文化遗产的本质——鲜活的存在状态与内在生命。多媒体技术和互联网的广泛应用，为非物质文化遗产的记录与传播带来了革命性的突破。它们能够详尽记录下传统技艺、艺术创作乃至表演艺术的每一个瞬间，进而为后来者提供宝贵的学习与参考素材。但是，若仅满足于这类静态的、断片化的保护模式，我们可能会忽略非物质文化遗产最为关键的一点——它们是在与特定社会环境的互动中持续演变的生命体，需要在实践中获得滋养与发展。正因如此，我们应当超越狭隘的视角，着眼于非物质文化遗产的实际生存状况，采取更具针对性的策略，确保其不仅能被拯救下来，还能在当代社会中蓬勃发展。

2. 抢救性保护的对策

（1）要全方位地进行抢救性保护，使濒危项目重现生机与活力

非物质文化遗产，作为深深植根于民间的社会文化表现形式，其生命力的维系与传承，不仅要求我们将其静态封存于博物馆中，还要让它活跃在民众生活中，这正是非物质文化遗产保护与物质文化遗产保护的本质差异。在当代中国的社会转型期，伴随着经济全球化进程的加快，许多人在追逐现代文明的过程中，逐渐淡忘了本土文化的独特魅力，甚至淡忘了自身文化身份的认同。在这种情况下，提升民众对非物质文化遗产的认识，激发他们守护文化根基的责任感，显得尤为重要。实施抢救性保护，不仅要依靠政府的引导和支持，还需要地方民众的广泛参与。只有真正唤醒本地居民对非物质文化遗产的情感共鸣，我们才能为濒临消亡的文化元素营造一个适宜其生长的土壤。因此，建立深厚的民众基础，增强他们的文化自信与自主保护意识，是抢救性保护工作中不可或缺的一环。为了实现这一目标，我们需要充分利用各类传媒工具，如电视、网络、报纸等，展开全方位的宣传教育，普及非物质文化遗产的知识，讲述它们背后的故事，展现其不可替代的历史价值与人文精神。在学校教育体系中，我们应设置相应的课程内容，从小就培养孩子们的文化遗产保护观念，让他们从小就懂得尊重和珍惜自己的文化遗产。同时，政府通过制定相关政策法规，可以强化法律保障，营造良好的社会舆论氛围，鼓励公民行动起来，共同承担起守护非物质文化遗产的责任。相关部门要组织多种形式的文化活动，如节日庆典、艺术展览、民俗体验等，让人们亲身体验非物质文化遗产的魅力，加深对其的理解。归根结底，非物质文化遗产的抢救性保护，不仅是政府的职责，更是每个国民的使命。只有公众齐心协力，我们才能使这些珍贵的文化遗产在现代社会中生生不息，成为连接古今、沟通中外的文化桥梁，进而让每一个人都能从中感受到属于中华民族的骄傲与荣耀。

在实施非物质文化遗产的抢救性保护过程中，科学性是我们必须遵循的基本原则。面对处于传承困境的濒危项目，我们必须制订周密的计划，采取针对性的方法与措施，以确保它们能够得到有效保存。这些项目往往面临着人才断层的问题，要么缺乏年轻的接班人，要么现有传承人数量不足，导致项目难以维系，甚至面临失传的风险。在这种情况下，我们的重点应该是出台一系列资助和帮扶措施，以解决传承人的有关问题，让他们有能力继续从事这项事业。只有解决了“后

继有人”的问题，濒危项目才有可能得到延续。这就要求我们对传承人的生活、创作和教学等方面给予充分的支持，保障他们的基本权益，激发其传承热情和责任感。我们可以借鉴浙江省宁波市的做法，推行“三位一体”的保护模式，即将项目、传承人和传承基地紧密结合在一起，形成一个稳定的传承链条。这种模式强调，传承基地负责寻找合适的徒弟，而非简单地等待传承人自行物色，此举大大提高了效率和成功率。传承人与徒弟之间需要签署协议，明确双方的责任与权利，政府文化部门则扮演见证和监督的角色，确保各方都能履行承诺。这样一来，三方形成合力，共同承担起项目传承的重任，形成一个闭环式的保护机制。宁波市的经验告诉我们，非物质文化遗产的抢救性保护不是孤立的任务，而是一项系统工程，需要多方面力量的协同配合。通过对项目、传承人和传承基地的有效连接，我们可以最大限度地调动各方的积极性，确保非物质文化遗产在当代社会中得以生存。这样的模式具有很强的操作性，值得我们在全国范围内推广和应用，进而为更多濒危项目的拯救工作提供参考和支持。此模式的成功之处在于，它兼顾了传承人的个人发展与项目本身的长期稳定，体现了社会对非物质文化遗产的全面保护理念，展现了地方政府在文化遗产保护上的智慧与决心。通过“三位一体”的保护模式，我们不仅能拯救濒危项目，还可培育新一代的传承人，进而为非物质文化遗产的未来发展奠定坚实的基础。

（2）用数字技术抢救保护非物质文化遗产

在非物质文化遗产的抢救性保护工作中，我们必须实施一种兼容并蓄的策略，既要精通并善用传统及常规的方法与途径，也要积极拥抱创新性的策略与技术手段。当前，信息化时代以高科技的迅猛发展为特征，其中，先进的数字技术为非遗的抢救与保护工作开辟了一片全新的技术疆域。与物质文化遗产主要依赖物理形态的保存有所不同，非遗的保护工作要求我们采用更为多元且丰富的手段。在这个日新月异的数字化时代，数字化技术为非遗的保护与展示提供了无限的可能性。通过整合相关数字技术，并结合互联网的力量，我们可以在虚拟空间中精准复原非遗项目的全貌及其所依存的文化空间，进而与数字博物馆、图书馆、档案馆中的文字记录、文物图像等资源实现无缝对接。将非遗项目与资源转化为数字形态，不仅能够保障它们的永久保存与保护，还可为实现文化遗产的再现、复兴与高效利用奠定坚实的基础。借助数据库与存储技术的力量，我们能够以更加系统化、科学化的方式管理非遗信息与资源。此外，动作捕获技术的应用使得我们能够精确捕捉代表性传承人的标志性动作信息，在计算机系统的辅助下对这些运动数据进行编辑与再利用，并通过数据库管理系统实现资源共享，这一流程极大地促进了非遗项目的传承与资源的开发利用。经由数字化手段重塑的非遗内容，能够以更加丰富多样的形式展示给全球观众以及持续传播，这既能体现当代人对民族文化遗产的深切关怀与守护，也可更为有效地实现非遗项目的价值转化与传承。

在当今时代，非物质文化遗产作为人类文明的瑰宝，正面临着前所未有的挑战与机遇。为应对这一挑战，学界及相关管理部门广泛认同利用数字信息技术对非遗进行抢救与保护的重要性。这一策略旨在通过高科技手段，如数码摄影、二维及三维扫描技术、数字录音与摄像、虚拟现实技术、网络数据库构建以及搜索引擎开发等，对非遗进行全面的数字化处理。具体而言，数字化保存与传承策略涉及非遗的采集与分类、存储与处理、展示与传播、管理与服务等多个环节。通过这些技术手段，我们可以建立涵盖文字、图像、音频、视频及动画等多种形式的非遗数据库。这一数据库不仅内容丰富、形式多样，还配备了强大的搜索引擎，使得用户能够便捷地检索到所需信息，实现了非遗的数字化再现与深度解读。数字化手段在非遗保护中的应用，不仅具有科学性与高效性，更能体现其独特的价值。通过数字化记录，我们可以完整地呈现一个国家或地区的非遗资源全貌，进而为非遗的保护与保存提供有力支持。此外，随着非遗研究与保护工作的不断深入，这些数字资源的基础性资料库价值将得到进一步升华。

为了对濒危项目及年迈体弱的代表性传承人开展有针对性的抢救性保护，文化主管部门实施了国家级非物质文化遗产代表性传承人抢救性记录工程。各地保护单位和相关部门，利用多媒体技术记录、采集了大量珍贵的代表性传承人传承非遗项目的绝技绝艺及具体的实践活动，为保存和传承濒危项目技艺留下了数字化资源。按照文化主管部门的要求，各地又把濒危项目和代表性传承人的抢救记录工作与开展数字化保护工作全面对接，把记录成果及时收入非物质文化遗产数据库，供培训、宣传、研究、恢复技艺等使用。

为了尽快建立国家级数字化保护工作体系和数字化保护标准规范体系，我国在全国范围内加快推进非物质文化遗产数字化保护工作，全面提升非遗保护工作水平，文化主管部门于 2010 年 10 月启动“中国非物质文化遗产数字化保护工程”，委托中国艺术研究院承担建设任务。按照总体规划，国家非遗数据库由一个数据库群构成，其中有非遗普查资源数据库、非遗项目资源数据库、非遗专题资源数据库、科研库和公众库等。如今已经建成的有非遗普查资源数据库、非遗项目资源数据库、非遗专题资源数据库和非遗数字化保护管理系统，并已完成非遗数字化保护基础标准的制定和数字化管理系统软件的研发。

在政府的重视和主导下，非遗数字化抢救与保护工作已在各省、自治区、直辖市全面展开，并取得了一些成果。除了各省、自治区、直辖市都在有序地进行非遗数据库建设，一些数字博物馆或专题数据库在抢救保护非物质文化遗产方面也发挥了重要作用。值得一提的是，已出版的10部“中国民族民间文艺集成志书”，其核心内容已被数字化，形成了“中国民族民间文艺资源地图”“数字民歌器乐地图”“数字戏台”“数字曲苑”“中国故事”“中国时间”等数据库和信息平台等多种数字产品成果。

二、生产性保护

进入21世纪，我国的非物质文化遗产保护工作取得了长足进步。政府及各级保护机构秉持正确的保护理念，坚守保护原则，不断探索实践，总结经验教训，逐步形成了包括抢救性保护、生产性保护在内的多种保护方式。其中，生产性保护作为一种新颖的保护思路，已逐渐引起学术界和传承者的重视，各地正积极尝试并实践这一保护模式，力求推动非物质文化遗产向着正确的方向前进。生产性保护，即通过对非物质文化遗产的适度开发利用，既维护其文化价值，又提升其实用价值，这被视为非物质文化遗产保护的重要组成部分。它旨在通过生产活动，如制作工艺品、举办节庆活动等形式，使非物质文化遗产融入现代社会，保持生命力，同时为社会创造经济价值，支持社会的可持续发展。然而，面对现实情况，如何正确认识生产性保护的价值与意义，以及如何科学有效地实施生产性保护，仍是当前亟须解决的问题。一方面，我们需要深入理论层面，明晰生产性保护的基本概念和操作框架，避免盲目跟风；另一方面，我们要加强实践探索，根据不同项目的特点和需求，定制化设计保护方案，确保保护措施的针对性和有效性。在此基础上，我们还需强化跨学科对话与合作，整合资源，构建多元主体参与的保护网络，鼓励社会各界积极参与，形成合力，共同推动非物质文化遗产生产性保护的健康发展。要通过细致入微的工作，不断提高保护的精细化程度，使非物质文化遗产在新时代绽放新光彩，传承文化记忆，促进社会和谐与进步。

（一）生产性保护的提出和界定

非物质文化遗产生产性保护的概念及其在实践中的应用，经历了一个逐步成熟的过程。2005 年，《国务院办公厅关于加强我国非物质文化遗产保护工作的意见》发布，正式提出“保护为主、抢救第一、合理利用、传承发展”的工作方针，其中“合理利用、传承发展”隐含了通过适度开发和生产实践，推动非物质文化遗产传承与发展的思想。这一理念主张，对于那些具有工艺性质和技艺特点的非物质文化遗产代表性项目，如剪纸、风筝、年画、鼻烟壶等，将其转化为具有经济效益的生产活动。这不仅可以创造就业机会，还能提高经济效益，从而为项目的保护注入持续的动力。生产性保护的重要性在于，它能够为非物质文化遗产开辟新的生命空间，让这些古老技艺在现代社会中找到立足之地。通过市场机制的作用，非物质文化遗产得以与大众生活紧密相连，这提高了其社会认知度和文化吸引力，同时也为传承者提供了稳定的收入来源，激励他们继续守护这份宝贵的文化遗产。

随着非物质文化遗产保护工作的逐步深入，以及生产性保护方式在一些项目保护中的成功运用，生产性保护已被视为非物质文化遗产保护传承的重要方式之一。2011 年 6 月 1 日正式施行的《中华人民共和国非物质文化遗产法》第 37 条规定，国家鼓励和支持发挥非物质文化遗产资源的特殊优势，在有效保护的基础上，合理利用非物质文化遗产代表性项目开发具有地方、民族特色和市场潜力的文化产品和文化服务。这一规定为非物质文化遗产的合理开发与利用及生产性保护提供了法律依据。

2012 年 2 月 2 日，文化部非物质文化遗产司发布了《文化部关于加强非物质文化遗产生产性保护的指导意见》，提出了非物质文化遗产生产性保护的概念、方针、原则，以及如何科学地进行生产性保护的指导意见。此文件明确指出，非物质文化遗产生产性保护是指在具有生产性质的实践过程中，以保持非物质文化遗产的真实性、整体性和传承性为核心，以有效传承非物质文化遗产技艺为前提，借助生产、流通、销售等手段，将非物质文化遗产及其资源转化为文化产品的保护方式。目前，这一保护方式主要是在传统技艺、传统美术和传统医药药物炮制类非物质文化遗产领域实施。强调生产性保护旨在以保护带动发展，以发展促进保护。此文件的颁布和实施，不仅阐释了非物质文化遗产生产性保护的一些理论问题，而且明确了实施生产性保护的项目应该做什么和应该怎样做。

非物质文化遗产生产性保护的领域和范围有狭义和广义之分，狭义的是指《文化部关于加强非物质文化遗产生产性保护的指导意见》中明确的生产性保护的领域和范围；广义的是指具有可开发利用的经济价值，能够走市场竞争之路的非物质文化遗产代表性项目及资源，均可采用生产性保护，在科学合理的开发利用中，实现可持续传承与发展。值得重视的是，在生产性保护中，“生产”只是方式，而“保护”才是目的。非物质文化遗产的生产性保护要深入挖掘和传承项目的文化内涵、精神价值、精湛技艺等“非物质”因子，不能因过分强调产品生产和经济效益而丢弃了保护的初衷，尤其是艺术类精神产品，应更加注重其个性化特征，注重满足广大消费者多方面的文化需求和审美需求。

（二）生产性保护的必要性

有效保护与合理利用相结合，使非物质文化遗产造福当代，是非物质文化遗产保护工作科学发展的必由之路。生产性保护作为非物质文化遗产保护的一种重要方式，有着显而易见而又不容忽视的重要性，其必要性主要体现为以下三点。

1. 生产性保护符合非物质文化遗产自身的特点和传承发展规律

非物质文化遗产并非一成不变，它在历史的长河中展现出了鲜明的活态性与流变性特征，其经由世代传承与发展，得以绵延不绝。这一文化遗产的生命力，在于其与人类生产生活的紧密相连，一旦脱离实践活动的滋养，停止进化并陷入静态，它便不可避免地失去其存续的活力。众多非物质文化遗产之所以能穿越历史的风雨，至今仍焕发光彩，关键在于它们成功融入了人们的生产实践之中，并不断在这些实践中探索新的生存与发展模式，从而实现了持续的改进与发展，展现出了勃勃生机。

以国家级非物质文化遗产代表性项目——南京金箔锻制技艺为例，这项技艺历经 16 个世纪的洗礼，世代沿袭，至今仍熠熠生辉。其发源地可追溯到南京市栖霞区龙潭街道，历史上这里曾是众多家庭式金箔作坊的聚集地。中华人民共和国成立后，政府将原先分散的家庭手工业者组织起来，成立了金箔金线生产合作社，并逐步推动其向工厂化生产转型。自 2003 年国家黄金市场开放以来，龙潭地区再次迎来了金箔制造业的繁荣景象，尤其是 2006 年南京金箔锻制技艺被列入首批国家级非物质文化遗产名录后，金箔原产地的制造企业如雨后春笋般涌现，而后迅速增加至近百家。金箔自诞生之日起，便被赋予了黄金的独特属性。人类对黄金的崇拜是一种普遍的心理现象，而金箔的应用范围又极为广泛，这为金箔锻制技艺的发展提供了广阔的空间和前景。作为该项目的管理单位，南京金线金箔总厂积极探索并实践生产性保护方式，秉持“发展就是硬道理”的核心理念，致力于技艺的传承与市场培育。经过数年的努力，南京金线金箔总厂不仅成功实现了南京金箔在食品、化妆品、建筑、工艺品、装饰等多个领域的广泛应用，还构建了金箔文化的体系保护、载体保护和区域保护机制，使该项目的传承保护工作步入了可持续发展的轨道。现如今，南京金箔集团已成为中国最大的真金箔生产基地，同时也是世界五大真金箔生产中心之一，这充分展示了南京金箔锻制技艺在传承与发展中所取得的辉煌成就。金箔集团已崛起为中国服务业领域的佼佼者，跻身中国服务业500强行列，并荣获科技部钦点的“重点高新技术企业”称号，同时，该集团还被中国企业联合会赋予了“全国企业文化示范基地”的崇高荣誉。在文化传承与建筑美学的璀璨舞台上，金箔集团以其精湛的工艺，为北京故宫、人民大会堂、布达拉宫、少林寺等一系列标志性建筑披上了辉煌的金装，这些知名建筑的装饰贴金，无一不源自金箔集团的匠心独运。此外，在历史性的时刻，金箔集团亦留下了浓墨重彩的一笔。香港、澳门回归祖国怀抱之际，中央政府赠送的《永远盛开的紫荆花》与《盛世莲花》雕塑，其上的熠熠金光，正是金箔集团精湛贴金技艺的见证。此外，金箔集团的影响力早已跨越国界，其产品远销日本、美国、意大利、西班牙等国家，将中华传统工艺的魅力播撒到世界各地。在金箔深加工领域，金箔集团同样展现出了非凡的创新能力，金箔饰品、金箔书、金箔画等多元化产品，不仅丰富了消费者的选择，更让外国友人得以在家中领略到这份独特的东方韵味。

众多非物质文化遗产保护工作的实践表明，唯有为非物质文化遗产提供充足的生存与发展空间，并对那些具备开发利用潜力的非遗项目实施生产性保护，方能确保非物质文化遗产保护的可持续性，从而在传承与发展的道路上稳步前行，充分展现非遗的最大价值，同时提升经济、社会、文化等多方面的综合效益。

2. 生产性保护有利于发展地方经济

非物质文化遗产的本质价值，深藏在其丰富的文化基因中。将这些无形的珍宝转化为具象的文化资本，通过生产、流通、销售等一系列环节，锻造出饱含民族风情与地域特色的文化精品，让古老的智慧与创意走进千家万户，重新焕发青春与活力，这就是非物质文化遗产最为生动有力的保护形式，它能够赋予传统文化生命力，使其在现代社会中茁壮成长。生产性保护的意义远不止于此，它还是传承与发扬优秀传统文化的关键桥梁。通过挖掘和提炼文化遗产的独特魅力，我们能够创造出既有深度又有广度的文化产品，满足人们对精神生活的多元化追求。这些产品不仅能体现民族的智慧，也是文化传播与交流的重要媒介，可增强民众对本土文化的认同感和归属感。更重要的是，生产性保护能够为优秀传统文化提供舞台，让其在经济全球化的背景下展现出独特的竞争优势。例如，全国四大名绣之一的苏州刺绣（以下简称苏绣），已有2000多年的历史，自明代以来便形成了“精、细、雅、洁”的艺术风格，其可谓风情万种、图案丰富、色彩多变。苏绣分为刺绣艺术品、日用刺绣品。苏州高新区镇湖刺绣业的兴起与发展是目前苏州传统工艺美术的一大亮点。镇湖苏绣以前只是当地农民的副业，如今已变成了主业，并已使他们走上了致富之路。刺绣产业成为当地广大农民创业、就业的平台，农民的收入持续增长。刺绣经济的发展壮大，还使镇湖从过去的“接包”加工刺绣产品，转为“发包”，带动了周边乡镇大批农民的就业。2007年9月建成的“中国刺绣艺术馆”和“镇湖苏绣艺术展示中心”，集刺绣生产销售、展示评比、技艺研发、学术交流等多项功能于一体。至2019年，中国刺绣文化艺术节已连续12届在镇湖举办，向海内外宣传展示了苏绣独特的文化优势与艺术魅力，产生了广泛而深远的影响。可见，苏绣的传承与发展已成为当地民众生产生活不可缺少的重要组成部分。

3. 生产性保护有利于技艺传承和项目保护

非物质文化遗产的生产性保护，不仅能够给人们带来直接的经济效益，更为重要的是，它可促进项目的有效传承与民族文化血脉的延续。这种保护方式超越了单一的生产行为，而是在生产中实现传承，使得关键技术、作品精髓乃至传承人的艺术个性得以实现薪火相传。对于那些源自农耕时代的手工艺技能而言，它们往往是家族秘密，仅限于内部传授，甚至形成了封闭式传承，比如“传男不传女”“艺不外传”的潜规则，这些潜规则导致许多技艺面临失传的风险。以南京云锦为例，过去它的织造技艺仅为少数家庭所掌握，其复杂工序如挑花结本、牵经、接头等，都是严格限制在家族内部流传的秘密。这种狭隘的传承方式阻碍了技术交流与创新，不利于织造技艺的长远发展，一旦家族断代，这项技艺便可能永久消失。生产性保护的介入改变了这一局面。自南京云锦被列入人类非物质文化遗产以来，这种技艺便受到了各界的广泛关注，各方力量积极参与，成立了专业研究机构，会聚了一批优秀的传承人，共同致力于云锦织造技艺的研究、保护与创新。特别是在教育领域，当地采取了多样化的传承模式，除了传统的师徒制，掌握该技艺的人还与职业院校合作，设立专业课程，培训新一代云锦人才。如今，南京云锦的生产性保护成效显著，不仅提升了技艺的生存能力，也让这一古老工艺焕发新生，成为民族文化自信与自豪的象征。这样的成功案例证明，生产性保护是连接过去与未来、融合传统与现代、实现非物质文化遗产有效传承的重要途径。

生产性保护作为一种创新性的非物质文化遗产保护模式，不仅能激发传承人的传承意愿，还能推动技艺的群体传承，保障非物质文化遗产项目的长远发展。在这一过程中，传承人不再仅仅是艺术的守护者，更是文化产业的参与者，甚至是创业者，他们的目标是实现自我价值的最大化。许多非物质文化遗产，特别是手工艺类别的项目，本身就是传承人生存与发展的技能来源。随着文化市场的发展，消费者对手工艺品的需求逐渐增加。生产性保护正是利用了这一点，通过产业化的方式，引导更多的人加入传统手工艺品制作行列，逐步构建起规模化、专业化的生产网络。在这个过程中，传统的师徒传承模式被打破，取而代之的是更加开放、包容的学习与传授方式，传统技艺得到了更广泛的传播和应用。在生产性保护模式下，传承人等与项目有着直接的利益关联，其生活质量得到了显著提高，其对项目的投入与热情也随之增加，从而为非物质文化遗产的保护提供了持续的动力源。在这种模式下，传承人不再是孤军奋战，而是拥有了更多的合作伙伴和支持者，形成了一种良性循环。值得一提的是，生产性保护并不意味着完全市场化，忽视非物质文化遗产的文化属性。相反，它倡导的是在保持传统精髓的基础上，适度融合现代元素，不断创新，让古老的技艺焕发出新的光彩，并吸引更多年轻人的注意力。故宫文创产品之所以能爆火，就是因为其在传承与创新之间找到了平衡点，成功地将传统文化推向了世界舞台。

非物质文化遗产的生产性保护，不仅是对传统文化瑰宝的保存与传承，也是一种新颖的经济发展模式。我们通过合理利用非物质文化遗产资源，将其转化为具有商业价值的产品或服务，可以有效地增加项目的“造血能力”，从而解决项目保护与发展的资金难题。虽然各级政府为非物质文化遗产代表性项目提供了必要的财政补贴和政策支持，但这些外部的“输血”往往难以覆盖所有需求，尤其是在项目长远发展的资金投入方面存在局限性。采用生产性保护策略，我们可以让非物质文化遗产在市场环境中生根发芽，并通过将销售相关商品、服务所得收益的一部分重新投入保护和传承工作中，形成良性的循环。这种方式不仅能够增强非物质文化遗产的自我维持和发展的动力，还可提高项目的社会影响力和经济效益。

（三）生产性保护的对策

尽管采用生产性保护方式保护非物质文化遗产已被视为一种行之有效的手段，在具体实施过程中，如何准确理解和把握非物质文化遗产的生产性保护，以及如何实现科学化的保护与利用，仍然是摆在我们面前的重大课题。这不仅仅是一场理论上的讨论，更是实践中不得不面对的挑战。首先，生产性保护应当遵循非物质文化遗产自身的保护规律，这意味着我们要在尊重和保留其本质特征的基础上开展各项工作。任何干预都必须以不破坏原有的文化内涵为前提，确保传承链的连续性。其次，科学的生产性保护强调的是有效保护与合理利用之间的平衡。这意味着在保障非物质文化遗产安全的同时，我们要积极探索其现代价值和可能性，让古老的文化遗产焕发出新的生机。只有当保护与利用形成良性互动，非物质文化遗产才能在新时代中获得持久的生命力。最后，我们要明确，生产性保护的目标是让非物质文化遗产惠及当代社会，而非仅仅局限于博物馆式的静态展示。我们要通过创新传播方式和技术应用，让更多人参与到非物质文化遗产的学习、欣赏和传承中来，这是实现非物质文化遗产活态传承的重要路径。

1. 坚持政府主导、社会成员广泛参与

非物质文化遗产，作为人类文化宝库中的瑰宝，承载着丰富多样的历史信息和文化内涵。它们不仅是独特的文化资源，更是一种历史的见证，是各族人民心理情感和群体认同的重要载体。因此，在开发利用这些非物质文化遗产资源和项目时，我们必须持谨慎的态度。与一般商品不同，非物质文化遗产项目的开发具备不可挽回性。非遗项目开发失败，不仅仅意味着经济上的损失，更会对民族文化遗产和国家民族尊严造成严重的破坏。因此，我们在进行产业化开发时，必须充分考虑到这一点，坚持“保护为主，合理利用”的原则。同时，我们也应认识到，有效保护和有序合理开发非物质文化遗产资源和项目，能够带来持续的经济价值。对于生产性保护方式，政府主导和社会成员广泛参与是关键。政府在政策制定和监管方面扮演着至关重要的角色，而社会成员的广泛参与则有助于加深公众对非物质文化遗产的了解。

第一，发挥政府的主导作用。政府在非物质文化遗产保护工作中承担着至关重要的领导和管理职责。作为组织者和管理者，政府必须发挥主导作用，确保非物质文化遗产保护工作扎实有序地推进。各级政府需要制定明确的决策，指挥并组织相关部门和人员进行非物质文化遗产的保护工作。同时，政府还需要协调各方资源，确保保护工作顺利进行。此外，政府还需监督保护工作的进展，确保每一项措施都能够得到有效执行。为了确保非物质文化遗产得到合理开发和利用，各级政府相关部门必须高度重视和支持。这包括制定符合本地区实际情况的长期规划和短期计划，这些计划既要立足长远，又要切实可行。同时，政府还应充分听取专家学者的意见，以确保规划的科学性和可行性。在规划制定和实施过程中，政府还需将非物质文化遗产的保护工作置于社会公众的监督之下。

第二，要建立起完善的保障机制，主要是指相关政策法规和管理体制的建立。在相关政策法规的制定中，政府应明确以下几项关键措施。首先，政府需设立专项基金以支持非物质文化遗产的保护工作，要对具有重大价值的非遗项目提供财政资助、税收减免或优惠政策；同时，政府需协调投融资活动、原材料管理等多个维度，确保资源有效配置。其次，政府应构建公正合理的利益分配机制，明确规定通过市场化运作所获经济收益应优先用于非遗项目的保护工作，随后再对权利人及经营者进行合理回报。此外，政府还需清晰界定非遗持有者与传承人之间的利益分享规则，切实维护相关个人及群体的合法权益。对于涉及保密要求的民间绝技，其传承方式及范围亦需受到必要的保护与限制。各级政府应强化引导与规范作用，依据非遗项目的生存与发展状况，制定相应的引导措施与规范手段。对于适宜进行生产性保护但面临濒危、传承困难的代表性项目，政府应优先实施抢救与扶持策略，记录并保存相关资料，迅速助力其恢复生产、传承技艺，并督促相关工作有序开展。针对具有市场潜力的代表性项目，政府要鼓励项目相关人采用“项目＋传承人＋基地”“传承人＋协会”以及“公司＋农户”等多种模式，结合民俗节庆活动等，推动生产性保护，以促进其健康发展。对于生产性保护成效显著的代表性项目，政府应引导传承人坚持使用天然原材料，保持传统工艺流程的完整性和核心技艺的真实性，从而确保非遗项目的有序传承。同时，对于生产性保护成果突出的项目，政府应及时总结经验并推广其成功模式。而对于忽视技艺保护与传承，或存在过度开发、破坏传统工艺流程及核心技艺的行为，政府应及时纠正并落实整改措施，加强监管。各级政府在推动非遗项目开发的过程中，不仅应提供政策扶持与资金支持，还应明确开发管理的责任主体，以改变以往多部门参与却管理效能不足的状况。此外，政府应充分利用各类媒体资源，加大宣传力度，提升开发项目的品牌影响力和社会知名度。

第三，坚持社会成员广泛参与，协调各方面力量。非物质文化遗产作为中华民族历史的活化石，是中华民族精神的重要组成部分，是我们国家文化软实力的重要源泉。民众的生活方式、信仰、习惯以及各种节庆活动等，都是非物质文化遗产得以生存和发展的沃土，也是非物质文化遗产最生动、最丰富的表现形式。从某种意义上说，对非物质文化遗产进行保护与传承，其实就是在维护民众的文化自尊心和自豪感，让民众在享受文化成果的同时，也能主动参与到文化创造过程中来。在这个过程中，各级政府应积极引导民众对本土文化的认识和了解，激发起他们内心深处的文化认同感和归属感，进而让他们将其转化为自觉的保护意识和行动。只有将非物质文化遗产深深植根于社会大众的心田，才能确保它具有持久的生命力和传承力。所以，在非物质文化遗产的保护与传承上，我们需要做到“以民为本”，让更多的人能够真正享受到这份文化财富带来的快乐。同时，我们还要积极寻找非物质文化遗产与现代社会的结合点，使其在新的时代背景下焕发新的生命力。为了实现这一目标，我们还应当鼓励社会各界人士加入非物质文化遗产的保护与传承工作中来，鼓励他们发挥各自的优势，形成全社会共同关注和支持的良好氛围。此外，我们应该充分尊重和保障民众的文化权益，通过多种形式的文化交流和传播，让更多的群众受益于此。只有这样，我们的非物质文化遗产才能在新时代下实现真正的繁荣与发展。

2. 合理平衡保护传承与开发利用的关系

非物质文化遗产的有效保护与合理利用，犹如车之双轮、鸟之双翼，二者相得益彰，缺一不可。对其进行合理利用，能够激活其内在活力，提高公众对其价值的认识，从而促使保护措施更加全面深入。在推进非物质文化遗产生产性保护的过程中，我们必须坚守“保护为主”的底线思维，一切活动皆应在不损害原有生态的基础上展开，避免盲目扩张与创新带来的潜在风险。此外，尊重与敬畏之心尤为重要，我们在制定开发保护策略时需严格遵循既定的传统生产模式，保持工艺流程的完整及核心技艺的真实性，拒绝短期利益驱动，坚决维护文化遗产的原汁原味。当前，各地纷纷尝试将非物质文化遗产融入旅游产业，打造特色鲜明的文化产品，其目标是通过市场化途径推动保护与开发并举，然而其实践过程中暴露出了不少问题。例如，侵权、内容失实乃至时空规定的破坏等问题屡见不鲜，这些问题严重威胁到非物质文化遗产的纯正性与延续性。为此，在生产性保护的实际操作中，强化保护意识至关重要。无论是将其作为旅游资源加以开发，还是其他任何形式的应用，都应当在政策框架下进行，以确保开发与保护相辅相成，相互促进。特别是涉及旅游领域的开发，更需谨慎行事，遵循相关指导方针，实现文化遗产的可持续利用，规避过度商业化可能造成的侵蚀与破坏。

非物质文化遗产的生产性保护，旨在通过适度的商业化运作，实现文化遗产的活态传承与创新发展，而非无序的产业化开发。对于那些具有潜在开发价值的非物质文化遗产，适当的生产性保护既能带来可观的经济效益，帮助当地民众提高生活质量，又能为文化遗产本身提供稳定的保护资金来源。然而，过度追求产业化则可能导致文化遗产遭到滥用甚至破坏，因此，我们必须审慎对待，避免出现急功近利的行为。产业化，本质上是一个经济学概念，涉及市场的全面运营、规模化经营以及追求利润最大化的导向。部分非物质文化遗产由于其独特的文化价值和经济增值潜力，的确适合进入文化市场，转换为文化资本。但在将这些珍贵的文化遗产推向市场之前，我们必须认识到，“生产性保护”绝不等同于简单的产业化利用。非物质文化遗产承载着深厚的民族情感与文化基因，它们是不可替代的精神财富，不能被简化为普通的商品。

为了确保非物质文化遗产的健康发展，我们需要做到以下几点。

①确立正确的态度。生产性保护应以传承和弘扬传统文化为主要目的，其核心任务是维护和传承传统的技艺与知识，而非盲目追求短期利益。②科学评估与规划。在实施任何开发计划之前，我们要进行全面的价值鉴定与可行性分析，确保项目开发与保护之间的平衡，避免盲目行动。③建设基础设施与传习基地。我们要鼓励企业或机构设立专门的展示场所与教学中心，以展示非物质文化遗产的独特魅力，同时培养传承人，确保技艺的连续性。④健全监管机制。我们要构建完善的市场监管体系，包括评估、监督与规范管理等环节，确保开发过程符合法律法规与伦理标准，防止文化资源的滥用。⑤注重利益分配。我们要建立公平的利益分配机制，确保开发者、传承人以及社区成员都能从中受益，从而激发各方参与的积极性。⑥强化文化生态保护。在追求经济利益的同时，我们要坚决维护文化遗产所处的生态环境的完整性，避免因开发而导致的文化生态失衡。

3. 坚持可持续性的保护原则

科学发展观，作为一种发展理念，其核心在于可持续性。可持续发展旨在确保发展过程的连贯性与持久性，这是社会发展的基石，也是人类世代相传的必然要求。每一代人的发展都应致力于为后代创造更优越的生存与发展环境，以确保发展的连续性。科学发展观所倡导的可持续发展，聚焦于以人为本的发展模式，强调对“人与自然的关系”及“人与人的关系”的深刻认识。它主张走生产发展、生活富裕、生态良好的文明发展道路，从而实现经济社会的长期繁荣与稳定。在非物质文化遗产的生产性保护领域，实现可持续发展至关重要。这要求我们首先明确方向，科学规划，将非物质文化遗产的保护与传承纳入地区经济社会发展的总体布局中，并充分利用地区优势和特色，探索符合科学发展观的发展路径。坚持可持续性的保护原则，是落实科学发展观的具体体现。它要求我们在处理非物质文化遗产的保护与开发问题时，既要考虑当前利益，也要兼顾长远发展；既要关注局部利益，也要顾全大局。我们应坚决抵制那种只追求短期经济利益、忽视长远利益的“遗产贴现”行为，确保文化遗产的保护与传承符合可持续发展的要求。同时，可持续性的保护原则还强调对当地民众的生存权和发展权的尊重。在制定非物质文化遗产保护策略时，我们必须充分考虑当地的文化生态环境、生活方式和风俗习惯等因素，以确保项目开发与当地社会环境的和谐共生。为实现文化资源的可持续利用和非物质文化遗产的有效保护，我们还需加强统筹规划，特别是对天然原材料和珍稀原材料的保护。我们应依法依规为传承人提供必要的支持和帮助，确保他们在传承传统技艺、坚守传统工艺流程和核心技艺的同时，能够合理、合法地使用这些珍贵资源。此外，我们还应鼓励和支持传承人在保持传统精髓的基础上，对技艺进行创新和发展，以适应时代的需求和变化。传承人作为连接过去与未来的桥梁，其任务不仅仅是简单地复制传统作品，更在于如何通过巧妙的创意与精湛的技艺，使传统题材焕发新的生机。鼓励他们在创作中融入现代元素，不仅能够拓宽传统艺术的表现形式，还能吸引更多年轻群体的关注，特别是学生群体，从而激发他们对传统文化的传承意愿。同时，推动传统产品功能的转型也是至关重要的。传统作品往往蕴含着深厚的历史文化底蕴，但其功能性在某些方面可能已难以满足现代社会的需求。因此，我们需要引导传承人探索如何在保留作品文化内涵的基础上，赋予其新的实用功能，使之更加符合现代人的生活方式与使用需求。这不仅有助于提升传统产品的市场竞争力，也是实现传统文化活态传承的有效途径。此外，审美价值的提升同样不容忽视。随着时代的变迁，人们的审美观念也在不断更新。传承人应紧跟时代潮流，运用现代设计理念与表现手法，对传统题材进行创新性解读与重构，赋予其更加鲜明的时代特色。这样既能满足群众对于高品质文化生活的追求，也能促进传统文化在当代社会的广泛传播。

在推进非物质文化遗产生产性保护的进程中，我国若干地区积极践行可持续性保护原则。这些地区通过促使非遗项目深度融入社会与民众生活，实现了自然且自觉的传承与发展。同时，它们合理利用非遗资源，成功开发了旅游项目，为区域经济与社会实现可持续发展注入了强劲动力。当前，众多传统手工艺已成为各地区吸引游客的重要磁石，这些旅游活动不仅为地方创造了可观的经济收入，还有效激发了就业市场的活力，并增强了社区居民的文化自豪感。然而，值得注意的是，这些旅游活动必须在充分尊重非遗活态特性及民众伦理责任的基础上展开。若旅游业忽视了对非遗的尊重，将可能对其造成不可逆转的损害。因此，无论是国家层面还是公共、私营机构，在策划与执行与旅游业相关的活动时，都必须将对非遗的保护以及相关民众的权利、愿望和意愿置于核心地位。确保民众作为非遗传承活动的主要受益者，并使其在非遗的管理与传承中发挥核心作用，是维护非遗生命力与尊严的关键。进一步而言，对民间传统文化的合理开发与利用，不仅能够促进非遗的弘扬与传播，还能够充分发挥文化优势，推动经济增长，实现文化与生产力的深度融合与协同发展。这不仅有助于提升地区的文化软实力，还能为区域经济发展带来长远的积极影响，从而实现经济效益与文化传承的双赢局面。

第二章　非物质文化遗产的数字化保护

本章为非物质文化遗产的数字化保护，分析了非物质文化遗产数字化保护的意义、非物质文化遗产数字化保护的标准和原则、非物质文化遗产数字化保护的内容和非物质文化遗产数字化保护的手段。

第一节　非物质文化遗产数字化保护的意义

非物质文化遗产是人类智慧的结晶，也是人类文明的宝贵财富，保存着各个地方独有的文化特点和历史传承。它所包括的口头文学及其语言载体、传统表演艺术、民俗礼仪与节庆、有关自然界和宇宙的民间知识与实践、传统手工艺技能以及相应的活动场所等，既是人类文化多样性的重要体现，又是中华民族繁衍中生产、生活以及娱乐方式的体现，还是中国历史的有力见证。传统的保护方式不能满足非物质文化遗产保护的各项要求，用数字化的方式保护与传承非物质文化遗产，是促进社会主义文化大发展大繁荣、构建社会主义和谐社会的必然要求。“目前，我国一部分非物质文化遗产正面临着‘断代危机’。部分‘非遗’项目的传承途径已经逐步进入‘老龄化’阶段，不少民间艺术工艺复杂、可复制性低，在文化产业市场化的现代社会‘不吃香’，其艺术产品无法很好地吸引现代消费者的目光，‘钱途’堪忧。”①

在数字化时代，信息爆炸式增长成为现实，不仅改变了人们对信息的接受和处理方式，也改变了文化传承和创新的路径。在非物质文化遗产日益受到重视的背景下，我们正积极运用现代科技手段来推动其保护工作。这些手段包括文字记录、录音、录像以及多媒体等先进技术，它们共同协作，以真实、系统且全面的方式对那些珍贵且濒危的非物质文化遗产进行记录。同时，建立档案和数据库成为非遗保护工程的关键环节。面对当前非物质文化遗产抢救的紧迫性，数字化技术为非物质文化遗产的保护提供了无限可能。数字化保护在非物质文化遗产保护中的应用，是对传统以传承人口手相传的保护方式的辅助与增强。

一、有利于还原非物质文化遗产的本来面貌

利用先进的虚拟现实技术对非物质文化遗产进行数字化重建，这一过程在数字化保护工作中扮演着至关重要的角色。虚拟现实技术作为一种全新的实用技术，通过运用计算机模拟并还原场景，实现了人机交互，给人以沉浸式的体验。这种技术不仅能够帮助我们更好地理解和欣赏非物质文化遗产，还能够使其在现代社会中焕发新的活力。

---

① 吴建铭主编《新时代“非遗”保护与开发研究》，中国广播影视出版社，2022年，第110页。

对于非物质文化遗产，我们不能因为其悠久的历史背景而将其与我们当下的生活割裂开，相反，它应该融入并存在于我们的现实生活中。通过虚拟现实技术，我们可以将这些文化遗产以更加生动和直观的方式呈现给公众，让更多的人了解和关注这些珍贵的文化遗产。同时，这种技术还可以帮助我们更好地传承和保护这些文化遗产，使其在未来的岁月中得以延续和发展。

在当今社会，许多青年对非物质文化遗产的全貌缺乏深入的了解。因此，利用虚拟现实技术进行数字化重建显得尤为重要且紧迫。通过这种先进的技术手段，我们可以将历史重现，将某一种非物质文化遗产在历史长河中的诞生、发展以及演变过程通过数字影像的方式生动地展现出来。这样一来，人们不仅能够更加直观地了解和感受这些珍贵的文化遗产，还能在虚拟世界中亲身体验和互动，从而加深对非物质文化遗产的理解。虚拟现实技术的运用，不仅为非物质文化遗产的保护和传承提供了新的可能性，也为广大青年提供了一个全新的学习和体验平台，使他们能够切身感受到传统文化的魅力和价值。

二、有利于非物质文化遗产的展示与传播

随着数字技术与媒体的深度融合，数字通信技术应运而生，并为媒体传播带来了诸多新兴的技术载体。这些载体包括微信、微博、短视频等新兴媒介平台，它们在传播过程中扮演着重要的角色。数字技术的出现，打破了时间和地域的限制，使得非物质文化遗产的传播变得更加便捷和高效。

国家大力推动非物质文化遗产保护工作的主要目的之一，是促进传统文化的广泛传播，并加强不同地区之间的文化交流。非遗数字化建设，不仅为传统文化的传播提供了新的途径，同时也为传统文化的创新和变革提供了新的契机。随着数字化建设的不断深入和成熟，传统文化得以数字化，为数字时代的年轻人所接受。数字媒体的出现为传统文化注入了新的生命力和活力，也促进了传统文化在内容、形式等方面的创新。数字技术在非物质文化遗产保护方面的全面应用，不仅拓宽了传播渠道，还为传统传播方式提供了有力补充。通过电脑、手机等与人们日常生活紧密相连的终端设备，使得非物质文化遗产的传播更加便捷高效，无形中拉近了它与受众之间的距离。非遗数字化建设的成果展示是推动非遗向社会传播、推广的关键环节。构建数字展示平台、举办在线展览、进行数字文化产品开发和数字文化遗产推广等方式，可以实现非遗数字化成果的有效展示。结合虚拟现实技术，打造沉浸式体验，可让观众身临其境地感受非遗项目的魅力。

三、有利于拓展非物质文化遗产的应用领域

非物质文化遗产不仅承载着深厚的文化底蕴，而且蕴含着巨大的经济潜力。运用现代数字化技术对传统工艺品进行创新性的设计和包装，可以将其转化为具有地方特色的旅游商品。当旅游者购买这些富有地方特色的旅游商品时，不仅能够满足他们对文化纪念品的需求，还能为当地带来显著的经济效益，进而促进当地经济的发展。此外，地方区域旅游地通过真实地展演民间艺术和虚拟展示民俗文化，可以有效地提升旅游地的知名度和吸引力，吸引更多的游客前来体验和了解当地的文化。

与此同时，与相关行业或企业合作，可以加大对这些优质文化资源的市场推广力度，拓宽其应用范围，让更多的人了解和欣赏非物质文化遗产的独特魅力。非物质文化遗产中蕴含着丰富的历史知识、科学知识和艺术精品资源，是教育领域中不可或缺的重要知识来源。面向教育领域，可以运用多媒体技术，开发传统文化体验产品，这些产品可以包括传统文化知识的介绍、经典作品的赏析等。通过这种方式，教师可以潜移默化地向学生传播中华优秀传统文化，帮助他们更好地建立文化自信。

非物质文化遗产，作为历史长河中不可或缺的见证者，承载着深厚的文化底蕴，是珍贵的文化资源宝库。推进非物质文化遗产的数字化保护工作，旨在维护中华民族古老的生命记忆，确保其作为活态文化基因库得以延续。这一举措不仅有利于传承和弘扬民族智慧与精神，更能够最大限度地保留中华民族独特的精神价值体系、思维方式以及丰富的想象力。

第二节　非物质文化遗产数字化保护的标准和原则

一、非物质文化遗产数字化保护的标准

在启动非物质文化遗产数字化保护工程之后，虽然已经开始了非物质文化遗产数字化保护标准的制定工作，但目前主要集中在民间文学、传统戏剧、传统美术和传统技艺等领域，尚未涉及民俗类非物质文化遗产的数字化保护标准。民俗类非物质文化遗产因其展现载体的多样性，在数字化保护的实施过程中，其采集对象的确立以及采集技术的选择尚未有明确的规范。全国各地纷纷建设非物质文

化遗产数据库，用于存储、管理、展示和传播相关的非遗材料和信息。然而，这些电子网站的子项内容并未形成统一的规范，各地区的非物质文化遗产代表性项目收录标准也呈现出多元化的特点。非物质文化遗产的多样性是其独特魅力之所在，也是其本身的特点。因而，为了更好地利用数字化保护方式对非物质文化遗产进行全面、系统的保护，我们对非遗项目进行的分类、收录等工作应实现规范化和标准化。这样不仅可以更好地保存和传承非遗文化，还能为后续的利用和开发提供便利。

《非物质文化遗产数字化保护 数字资源采集和著录》是中国首个非物质文化遗产领域的文化行业系列标准，由文化和旅游部批准发布。该标准由中国艺术研究院（中国非物质文化遗产保护中心）起草，旨在指导和规范我国各门类非遗代表性项目数字资源的采集和著录工作。这一标准的出台对于我国非物质文化遗产数字化保护工作具有里程碑式的意义。它明确了非遗数字资源采集和著录的总体要求，对十大门类的非遗代表性项目数字资源的采集方案编制、采集实施等环节进行了详细规定。

关于资源著录的业务要求与技术规范，该标准内容涉及了 11 个关键部分。这一套标准的制定与发布，对于非遗保护机构及其从业者而言，具有深远的意义。它不仅有助于他们正确理解非遗保护的核心理念和原则，更有助于他们在面对形式多样的非遗项目时，能够精准地把握著录工作的方向和核心内容。

二、非物质文化遗产数字化保护的原则

（一）记录、采集要保真

非物质文化遗产具有鲜明的地域性特征，这些特征充分体现了不同民族和种群的文化差异。在数字化保护的进程中，必须遵循“最小干预原则”，以最大限度地展现其真实性。文化部（今为文化和旅游部）为此特别设立了非物质文化遗产司，并成立了中国非物质文化遗产保护中心，以统筹协调全国范围内的非物质文化遗产保护工作。在数字化保护过程中，必须如实记录非物质文化遗产的原貌及其各种表现形式等，以确保数字化保存的非物质文化遗产具有原创性、特定性和排他性。无论是口头传说和表述、社会风俗、礼仪节庆、表演艺术，还是传统的手工艺技艺等，都需要进行详尽的记录和保存。尤其对于非语言的声音，如鼓声等，必须采用最保真的数字化形式进行保存，以免失传和失音。

（二）保护技术具备创新性

非物质文化遗产数字化保护的目的不仅在于保护，更在于促进人类社会的文化创新。现代的信息技术和软件技术为此提供了可操作的平台，使得在保护的基础上进行创新性的发展成为可能。这不仅是文化延续性的体现，更是创造力的展现。一方面，可以通过运用现代数字技术，如声、光、色、电等手段，来再现非物质文化遗产的神韵；另一方面，可以在其内容上进行丰富，形式上进行更新，以推动非物质文化遗产项目的广泛传播和传承。利用三维数字设备和软件，并结合光学错觉原理，可以将实景造型与幻影的光学成像相融合。这样，古老的文物和历史遗迹都可以被置于生动再现的历史氛围之中，再配合声音、灯光、模型等元素，可以产生逼真的幻影与实景结合的效果，使人们有身临其境的感受。通过利用先进的多媒体技术和计算机控制技术，并结合大量数据信息和场地的支持，我们可以更有效地进行非物质文化遗产的数字化保护和创新性发展，从而更好地传承和弘扬各民族的文化精髓。

（三）参与人员专业化

非物质文化遗产的领域广泛，形式多样，内容丰富，涉及多个学科领域。其具有独特的历史背景、特定的内容和表现形式。开展非物质文化遗产的保护与传承工作，必须依赖专业的机构和团队。这支团队应由一批具备较高专业素养和丰富工作经验的从业人员组成。非物质文化遗产的数字化保护工作需要音视频录制、图像处理、存储及显示、网络传输及检索下载等技术的支持。这些技术的实施需要专业的技术设备以及专业人才来支撑。因此，专业的硬件设备、软件以及人才都是不可或缺的。

（四）尊重知识产权

坚持立法保护与政策保障相结合，政府保护与民间保护相结合，决策系统与咨询系统相结合，财政投入与民间资金相结合。进一步加快图书馆、档案馆、博物馆、文化馆、科技馆等文化机构在非物质文化遗产数字化保护领域的合作。通过资源整合、集成平台的搭建以及联合服务等方式，这些机构能够构建一个全面而强大的非物质文化遗产数字化服务体系，从而极大提升非物质文化遗产资源的数字化服务水平。当地方高校图书馆对非物质文化遗产进行数字化保护后，这些数字资源将作为图书馆数字资源的重要组成部分，用户可以随时随地进行访问、浏览、下载和打印，轻松获取所需的知识和信息。这样的数字化保护在为公众提供更多、更好的公共文化产品的同时也涉及版权、知识产权等问题。在保护和传承非物质文化遗产的过程中，必须确保传承人的经济利益不受损害，保证产品的原生态不被随意更改，以实现非物质文化遗产的持久传承和有效保护。为了防止产品被无序地下载，我们必须采取一系列严格的措施。对于记录与传播的每一个环节，我们必须严格遵守国家相关法律法规，如《中华人民共和国非物质文化遗产法》以及《中华人民共和国著作权法》等。这些法律条文为我们提供了明确的指导方针，为非物质文化遗产的保护工作指明了方向。

第三节　非物质文化遗产数字化保护的内容

非物质文化遗产数字化保护就是对非物质文化遗产范围内的相关遗产进行数字化收集、整理和加工，具体来说就是对非物质文化遗产的信息进行收集，建立非物质文化遗产信息资源数据库以及组建非物质文化遗产研究基地三个方面。

一、收集——非物质文化遗产的信息收集

非物质文化遗产的信息收集是实现非物质文化遗产数字化保护的关键步骤。我们必须以严谨的态度和科学的方法，认真地开展非物质文化遗产的普查工作。普查工作不仅是非物质文化遗产保护的基础性工作，更是我们了解和传承这些珍贵文化财富的重要手段。因此，我们必须将其作为一项重要任务来抓，统一部署，有序进行。

为了确保普查工作顺利进行，我们需要在充分利用已有工作成果和研究成果的基础上，分地区、分类别制订详细的普查工作方案。这些方案应涵盖普查的目标、方法、步骤和时间安排等关键要素，以确保普查工作的系统性和科学性。普查工作的核心是对非物质文化遗产的现状进行深入调查，全面了解和掌握各地各民族非物质文化遗产资源的种类、数量、分布状况、生存环境、保护现状及存在的问题。在普查过程中，我们要运用多种记录手段，包括文字记录、录音、摄影等，以确保对非物质文化遗产进行真实、系统和全面的记录。这些记录不仅能够帮助我们更好地保存和传承这些珍贵的文化遗产，还能为未来的保护和研究工

作提供坚实的基础。通过这些记录手段，我们可以建立详细的档案和数据库，为非物质文化遗产的数字化保护提供有力支持。总之，非物质文化遗产的信息收集和普查工作是保护和传承这些珍贵文化财富的重要基础。我们必须以科学的态度和严谨的方法，全面开展普查工作，确保非物质文化遗产得到有效的保护和传承。

在进行非物质文化遗产普查的过程中，我们应当致力于构建一个全面而系统的非物质文化遗产名录体系。这一体系的建立需要我们首先制定出一套科学合理的评审标准，这些标准应当能够全面反映非物质文化遗产的价值和意义，同时也要考虑到其传承的现状和保护的紧迫性。通过这些标准，我们可以对非物质文化遗产进行科学的认定和评估。一旦评审标准制定完成，接下来的步骤是建立不同层级的非物质文化遗产代表性项目名录。国家级非物质文化遗产代表性项目名录的建立应当由国务院进行批准并正式公布，以确保其权威性和正式性。这些国家级非物质文化遗产代表性项目名录将作为我国非物质文化遗产保护工作的重点，也是向世界展示我国丰富多彩的文化遗产的重要窗口。与此同时，省、市、县级非物质文化遗产代表性项目名录的建立则由相应级别的政府负责批准并公布。这些名录不仅反映了地方文化的特色和多样性，而且其建立也是地方政府在非物质文化遗产保护方面的重要工作内容。各级政府在批准公布这些名录的同时，还需要将相关信息上报给上一级政府进行备案，这样可以确保各级非物质文化遗产代表性项目名录的系统性和连贯性，同时也便于上级政府对非物质文化遗产保护工作进行监督和指导。通过这样的层级化管理，我们可以确保非物质文化遗产得到有效的保护和传承，同时也能够促进地方文化的繁荣和发展。这样的名录体系不仅有助于提升公众对非物质文化遗产的认识和重视程度，而且也为非物质文化遗产的传承人提供了更多的支持和保障。最终，这将有助于构建一个丰富多彩、多元和谐的文化生态。

二、整理——建立非物质文化遗产信息资源数据库

对收集到的非物质文化遗产信息进行整理是非物质文化遗产数字化保护的关键内容，我们可以通过建立非物质文化遗产信息资源数据库来实现。

（一）建立非物质文化遗产目录数据库

我国是一个多民族国家，各族人民创造了丰富多彩的非物质文化遗产，这些

非物质文化遗产分散在全国各地，涉及民间团体、艺术组织、个人等不同的主体，具有广泛性和复杂性。在全国范围内开展普查工作，形成非物质文化遗产名录档案，系统梳理我国各类非物质文化遗产，是保护非物质文化遗产的根本举措之一。建立名录体系，逐步形成有中国特色的非物质文化遗产保护制度，是建立非物质文化遗产目录数据库的重要目标。目前，国家、省、市、县四级非物质文化遗产名录体系基本形成。在名录体系的基础上，按照民间文学，传统音乐，传统舞蹈，传统戏剧，曲艺，传统体育、游艺与杂技，传统美术，传统技艺，传统医药，民俗这 10 个种类建设和完善非物质文化遗产目录数据库，不仅便于非遗保护工作者开展普查、更新、保护和申报工作，还有利于公众了解、查询和利用非物质文化遗产。

非物质文化遗产目录数据库的建设主要依靠前期的合理组织和规划和后期的管理与维护。

在进行非物质文化遗产目录数据库建设时，我们可以将地域作为非物质文化遗产目录数据库组织和规划的基本单位。我国地域按行政区域可划分为华北、东北、华东、中南、西南、西北六类，这六大地域涵盖北京、上海、湖北、湖南、广东、新疆、西藏、香港、澳门等在内的全国 34 个省级行政区。将非物质文化遗产按行政区域划分，不仅符合非物质文化遗产的地域性特征，还有利于发挥地方非物质文化遗产信息化建设的优势，促进非物质文化遗产信息化建设层级模式的形成。还可以将非物质文化遗产项目名称作为非物质文化遗产目录数据库组织和规划的基本单位。以非物质文化遗产申报的项目名称为建库单位，明确了非物质文化遗产作为信息个体的唯一标识，它可以作为信息检索的首选字段，为后期的检索和利用提供便利。

非物质文化遗产目录数据库尽管拥有各式各样的数据管理方法、工具、系统，但在非物质文化遗产数字化过程中，由于分布的地域性和广泛性，会产生国家级、省级、市级、县级等不同的数据源和数据格式，各地区非物质文化遗产信息化建设的进度也不一致。一方面可能造成一些数据源间的相对独立，构成众多信息孤岛；另一方面，非物质文化遗产目录数据库也会随时间的推移而不断膨胀，信息不准确、不完整会造成数据的自然失效与流失。因此，非物质文化遗产目录数据库的管理与维护应着重解决数据质量问题，应持续不断地更新和完善数据资源，保证非物质文化遗产目录数据库数据的完备率与准确率。

（二）建立非物质文化遗产传承人档案数据库

非物质文化遗产保护的核心精神在于传承，而其中的关键角色便是非物质文化遗产的传承人。他们不仅是非物质文化遗产相关知识与记忆的掌握者和承载者，更是这一文化现象的活生生的见证者与继承者。传承人不仅构成了非物质文化遗产的宝贵资源库，同时也是这一文化传统得以延续的线索所在。进行非物质文化遗产的保护活动，必须充分重视并发挥传承人的作用。传承人不仅是文化的传播者，更是文化的守护者。因此，对于这些传承人的保护工作也同样重要。

传承人的档案记录了他们的活动轨迹与记忆，是非物质文化遗产知识宝库的重要组成部分。这些档案反映了传承人的生活经历以及文化认知，是了解非物质文化遗产的重要窗口。

1. 非物质文化遗产传承人档案数据库范围界定

一项非物质文化遗产的传承人可能有多个，在实际的非物质文化遗产保护项目中，保护单位往往难以对所有的传承人档案都予以保护。非物质文化遗产项目的某个或者某些传承人由于出色的技艺水平或者在非物质文化遗产项目中的特殊地位而成为非物质文化遗产项目的代表性传承人。代表性传承人承担了关键性的传承工作，是非物质文化遗产保护项目的重点保护对象。

限于各种条件，非物质文化遗产传承人档案数据库不可能将所有的传承人档案都纳入保护范围。在实际的保护工作中，非物质文化遗产传承人档案管理关注的也仅仅是非物质文化遗产项目中的代表性传承人，至于代表性传承人如何确定，目前是依靠文化部门在做相关的工作。

考虑到非物质文化遗产保护工作的需要以及非物质文化遗产保护工作的实际情况，这里的非物质文化遗产传承人档案数据库，仅涉及非物质文化遗产保护项目中的代表性传承人档案。

2. 非物质文化遗产传承人档案数据库的内容

非物质文化遗产传承人档案数据库的内容可以归结为以下五大类。

（1）传承人信息

在非物质文化遗产的传承与保护工作中，传承人信息档案的建立显得尤为重要。这一档案具体涵盖了传承人的多方面信息，包括其姓名、性别、出生年月、所属民族、文化程度、所在工作单位及其职务、个人身份证号码等基础信息。这些信息的获取相对容易，且其真实性能够得到有效的保证。然而，非物质文化遗产活动经历信息的真实性难以把握。由于这类活动经历的时间跨度可能相当长，甚至传承人本人也可能存在记忆模糊的情况，因此这部分信息的获取与确认显得尤为困难。另外，传承人在叙述自己的非物质文化遗产活动经历时，有时会不自觉地夸大某些经历，而回避或轻描淡写其他经历。这样的现象不仅可能影响信息的完整性，还可能对信息的真实性造成损害。传承人信息档案还需要注明收集人的情况、收集过程以及收集时的环境等信息。这些背景信息不仅有助于使用者更全面地了解传承人的情况，还可以作为鉴别传承人信息真实性、完整性的重要依据。将上述信息录入非物质文化遗产传承人档案数据库，可以实现更为方便快捷的检索，同时还可以建立动态跟踪机制，借助数字化手段，动态跟踪传承人的信息情况，实现快速更新和对传承人的有效保护。

（2）与传承人相关的非物质文化遗产信息

与传承人相关的非物质文化遗产信息包括非物质文化遗产活动的形式、内容，非物质文化遗产活动的环境，相关的人文知识、自然知识。其中后两者是作为背景信息存在，严格来说并不属于档案范畴。但是在数字化时代，内容的丰富性可以极大增强人们的了解兴趣，当人们了解相关传承人时可以一同对该项非物质文化遗产的文化背景和历史背景进行学习和研究，可以通过数字化的手段将传承人信息和非物质文化遗产信息进行索引连接，方便人们了解更多的相关内容。

（3）传承人技艺信息、作品信息

传承人技艺信息包括传承人的技艺水平、作品信息，以及其在非物质文化遗产传承中的地位、作用、表现等。传承人因其技艺或者在特定文化中的地位而得到保护，传承人的技艺、作品、地位的信息记录是传承人档案的重点内容。传承人的技艺和作品可以通过 3D 建模等手段进行展示，人们可以更加清晰地感受到非遗作品的细节，从而感受到非物质文化遗产的魅力。这种数字化的储存和展示手段更加贴合现代人的信息接收方式，有利于加大非物质文化遗产的传播力度。

（三）建立非物质文化遗产研究周边数据库

我国非物质文化遗产的内涵与形式极为丰富，且与特定的自然与人文环境紧密相关。这要求我们必须对与之紧密相关的文化生态环境给予足够的重视，以保障民间原生态的非物质文化遗产得以延续。在现今的时空背景下，完全保持其原始的自然状态已近乎不可能，但在特定的区域范围内，借助科学合理的措施，实现其较长时间内的持续发展是可行的。文化生态保护区的建设，是文化遗产保护工作的一次创新性的尝试。这一工作的开展需要我们在实践中不断探索、积累经验。建设文化生态保护区，不仅为非物质文化遗产的保护提供了坚实的屏障，更使得这些珍贵的文化遗产能够在其原有的环境中得以保存，真正地实现了“活文化”的传承。这样的保护区不仅保护了如民间故事、音乐、舞蹈等非物质文化遗产，同时也对物质文化遗产如古建筑、传统民居及历史遗迹等进行了一体化的保护。对于那些暂时无法建立文化生态保护区的地区，我们应利用数字化技术对其进行全面的采集与记录，以科技手段尽可能地保留其原始状态与信息。

现代社会发展快速，人们生活方式的改变和商业行为的侵蚀等，都对非物质文化遗产的保护和传承带来了挑战。许多民俗正在消亡、变异，无数珍稀罕见的民俗技艺伴随着老艺人的逝去而销声匿迹，非物质文化遗产研究周边数据库建设刻不容缓，非物质文化遗产保护与传承工作亟待加强。

三、加工——组建非物质文化遗产研究基地

在非物质文化遗产的数字化保护领域，深化对既有非物质文化资源的研究显得尤为关键。此过程不仅要求加大对非物质文化遗产的研究力度，还包括为其认定、妥善保存及有效传播奠定基础。为此，需广泛动员各类文化机构、科研机构、高等教育学府以及专家学者，针对非物质文化遗产中涉及的重大理论议题与实践挑战展开系统而深入的研究，同时重视将科研成果与现代技术相结合，以提升保护工作的科学性与实效性。在非物质文化遗产的认定环节，应组织专业团队运用科学方法，认真区分真伪，确保每一项文化遗产的真实性与完整性得到准确确认。

建立一个专门致力于非物质文化遗产研究的基地，是推动非物质文化遗产数字化建设的关键举措。这样的基地可以集中各类资源，包括专家学者、研究设备和技术手段，从而为非物质文化遗产的保护、传承和创新提供强有力的支持。通过系统地收集、整理和分析非物质文化遗产的相关资料，基地能够为其建立详尽的数字档案，使其更易于保存和传播。此外，基地还可以开展各种形式的学术交流和公众教育活动，提高社会公众对非物质文化遗产重要性的认识。要组建一个非物质文化遗产研究基地，首先需要明确其宗旨和目标，即保护和传承人类珍贵的文化遗产，同时促进相关学术研究和公众教育。接下来，需要进行一系列的筹备工作，包括但不限于以下几个方面。

第一，确定基地的定位和功能，比如是否专注于某一特定的非物质文化遗产领域，或者涵盖更广泛的非物质文化遗产类型。此外，基地应具备教育、研究、展示和交流等多重功能。

第二，筹集资金和资源，这可能包括政府资助、社会捐赠等多渠道的资金来源。同时，收集相关的文献资料、实物展品、影音资料等，为研究和展示提供物质基础。

第三，组建专业的研究团队，包括研究人员、管理人员和技术支持人员等。研究人员应具备相关领域的专业知识和研究经验，管理人员负责日常运营和协调工作，技术支持人员则负责资料的数字化建设和网络平台的维护。

第四，设立研究项目和课程，开展非物质文化遗产的深入研究，培养专业人才。研究项目可以是历史研究、保护策略制定等，课程则可以是理论学习、实践操作、案例分析等。

第五，建立合作网络，与国内外的学术机构、文化组织、非物质文化遗产传承人等建立合作关系，共同推动非物质文化遗产的保护和研究工作。

第六，开展公众教育和宣传活动，通过展览、讲座、工作坊、媒体传播等多种形式，提高公众对非物质文化遗产的认识和保护意识，促进非物质文化遗产的传承和发展。

第七，制定合理的管理制度和工作流程，确保基地的高效运转和可持续发展。这包括基地的日常管理、项目管理、财务管理、人员管理等方面。

通过上述步骤，我们可以逐步建立起一个功能齐全、资源丰富、公众参与度高的非物质文化遗产研究基地，为非物质文化遗产的保护、传承和研究作出贡献。

第四节 非物质文化遗产数字化保护的手段

一、调查分析、数据数字化整理

在文化和旅游部的重视与带动下，我国各地区各级别的非物质文化遗产保护中心纷纷建立非物质文化遗产网站和数据库，对非物质文化遗产数字化展示、传播、开发、利用等展开研究和探索。为了全面深入地理解和掌握非物质文化遗产的丰富资源，我们需要对其种类、数量、分布状况、生存环境、保护现状以及存在的问题进行全面的调查和研究，并在此基础上建立一个详尽的非物质文化遗产名录体系。这不仅有助于我们更好地认识和评价这些文化遗产的价值，也能为未来的保护和传承工作奠定坚实的基础。

为了实现这一目标，我们必须运用现代科技手段，对非物质文化遗产进行真实、系统和全面的整理与记录。通过这些高新科技，我们可以确保非物质文化遗产的细节得到精确捕捉，同时便于分类建立档案和数据库，为后续的研究、保护和传播工作提供便利。

我们需充分发挥各级文化机构的作用，如图书馆、文化馆、博物馆和科技馆等。这些平台为公众提供了接触和了解非物质文化遗产的绝佳机会。在条件允许的地方，我们可以设立专题博物馆或展示中心，为非物质文化遗产的展示提供专门的场所。这样不仅能让更多人亲身体验和欣赏这些独特的文化遗产，还能有效提高公众对非物质文化遗产保护工作的参与度。

二、重视专业人员培养，引入行业专家

非物质文化遗产的保护工作是维护民族文化多样性的重要组成部分，而领导机制和队伍建设则是这一工作得以顺利进行的关键环节。根据《国务院办公厅关于加强我国非物质文化遗产保护工作的意见》，政府在这一过程中扮演着至关重要的角色，需要发挥其主导作用，确保非物质文化遗产得到有效保护。为此，必须建立一个协调有效的保护工作领导机制，以确保各项保护措施得到贯彻执行。

同时，非物质文化遗产的保护工作也需要社会各界的广泛参与和支持。这意味着，除政府部门之外，学术研究机构、大专院校、企事业单位、社会团体等各方面力量都应当被积极吸纳进来，共同参与非物质文化遗产的保护工作。通过这种多方合作的方式，我们可以充分利用社会各界的资源和智慧，为非物质文化遗产的保护工作注入新的活力。

此外，专家的作用在非物质文化遗产保护工作中不容忽视。拥有一大批具有专业素养和较高工作能力的从业人员，是确保保护工作落到实处的关键。因此，应当重视专家团队的建设，为他们提供必要的培训和支持，使他们能够在非物质文化遗产的识别、记录、研究和传承等方面发挥关键作用。同时，还应当鼓励和支持年轻人才的成长，为非物质文化遗产保护工作培养更多新生力量。

综上所述，非物质文化遗产的保护工作是一项系统工程，需要政府、学术界、社会各界以及专业人才的共同努力。通过建立有效的领导机制，加强队伍建设，广泛吸纳社会各界力量，充分发挥专家的作用，我们能够确保非物质文化遗产得到妥善保护和传承，为维护民族文化的多样性作出贡献。

三、制定专门的法律法规，提供法律保障

在保护非物质文化遗产的道路上，政府应采取更为全面且专业的法律措施。这包括从行政法和民法的角度出发，制定更为详尽的法律条文，为非遗保护工作提供坚实的法律支撑。为此，政府应设立专门的职能部门，负责非遗的普查、建档、研究、保存、传承及弘扬等工作。同时，还需配合财政、行政、技术等多方面的支持措施，以实现非遗的全面保护。自 2003 年联合国教科文组织发布《保护非物质文化遗产公约》以来，全球范围内掀起了非遗立法的热潮。尽管如此，真正意义上的非遗专项法律仍显不足。多数国家将非遗纳入文化遗产保护立法之中，包括物质与非物质的双重遗产。相较之下，我国在非遗保护立法方面虽起步较晚，但近年来发展迅速。2011 年 6 月，《中华人民共和国非物质文化遗产法》正式实施，该法明确规定了文化主管部门建立非遗档案及相关数据库的职责，除依法应当保密的外，应确保其公开性，以便公众查阅。为进一步规范和指导非遗保护工作，我国还出台了详细的入选细则和保护标准规范，细化了相关标准的评估指标。这不仅提高了非档案类文献的入选比例，还明确了我国非遗保护的对象、范围和领域，有效避免了少报和漏报项目的情况。这一系列举措标志着我国在非遗数字化保护方面拥有了坚实的法律基础。值得一提的是，2023 年 8 月，我国首个非物质文化遗产领域的文化行业系列标准《非物质文化遗产数字化保护 数字资源采集和著录》由文化和旅游部批准发布并实施。这一标准的实施不仅为非遗的数字化保护提供了指导方向，也标志着我国在非遗保护工作上迈出了更为坚实的一步。这次出台的标准相当于一个抓手，对非物质文化遗产数字化采集工作进行了有效指导，帮助数据采集人员从表象中抽丝剥茧，把各项非遗的文化内涵尽可能准确地提取出来。在数据采集人员收集到系统的数字资源以后，非遗便能从专业领域走向大众视域，成为各平台重要的文化艺术内容资源。

四、促进非物质文化遗产资源与当地经济接轨

为了确保非物质文化遗产得到有效的保护和传承，政府必须发挥其主导作用。各级政府及其相关部门应当增加对非物质文化遗产保护的经费投入，通过政策引导和其他激励措施，鼓励多渠道的资金筹集，包括吸引个人、企业和社会团体的

赞助。此外，还可以考虑设立专门的非物质文化遗产保护与发展基金，为保护工作提供稳定的资金支持。

对于那些传统文化生态保持完整的村落和特定区域，政府应深入研究并探索实施整体性保护的方式。这些地方往往承载着丰富的非物质文化遗产，对其进行保护不仅是对历史的尊重，更是对未来的投资。在社区和乡村中，那些具有鲜明传统文化特色的地方，应当得到政府的鼓励和支持，开展创建民间传统文化之乡的活动。这样不仅能够促进非物质文化遗产的传承和发展，更能增强社区和乡村居民对传统文化的认同感。

建设非物质文化遗产网络市场，实现非物质文化遗产产品的网上销售。同时，将一些具有民族特色的剪纸、篆刻等非物质文化遗产资源进行数字化娱乐化的创作与制作，使之融入影视、游戏、动画、表演等当代文化娱乐活动之中，以期实现社会效益与经济效益的双丰收。旅游地增强吸引力的关键在于突出其旅游资源的独特性和原生态的基因。这样的特色和个性，能够在众多的旅游宣传信息中脱颖而出，吸引旅游者作出旅游决策。

五、构建教学资源库，促进传统技能与现代教育相结合

在今日的非遗保护与传承热潮中，学术界与教育界正积极响应，特别是在高校与科研院所中，非物质文化遗产的数字化保护与研究工作正日益受到重视。为了构建科学且有效的非物质文化遗产传承机制，我们不仅需要关注理论层面的研究，更要在实践层面进行深入的探索。对于各级非物质文化遗产代表作，我们应采取多元化的方式来鼓励和支持其传承人（团体）在高校中开展传习活动。这包括授予荣誉、表彰奖励以及提供资金扶持等措施，以此确保非物质文化遗产后继有人。同时，通过有计划的教育培训，以及依托科研院所、高校的人才优势，我们可以大力培养专门人才，提高现有人员的业务水平。在高等教育中，非物质文化遗产的融入尤为重要。它不仅是传统文化教育的重要组成部分，也是各级公共文化机构进行传播和展示的焦点。尤其是各类职业院校，它们正逐步将具有民族精神和民间特色的非物质文化遗产内容编入教材，开展教学活动。这为专业教学资源库的建设提供了丰富的资源。通过应用数字媒体技术，我们能够以“非遗”项目为载体，构建一个具有较高水平的专业教学资源库。这个资源库的特点是容量大、共享型、互动式以及持续更新，旨在培养民族文化

传承创新人才，实现民族文化传承创新专业人才培养与非物质文化遗产传承的对接。

非物质文化遗产是一种无形的文化现象，我们需要增强危机意识，充分认识到传承非物质文化遗产的紧迫性和重要性。在当今时代，面对那些处于弱势且极度脆弱的非物质文化遗产，我们肩负着神圣的使命，必须立即行动起来，运用数字技术与艺术手段对其进行抢救与保护。

第三章　非物质文化遗产的数字化传承

数字化保护是非物质文化遗产传统保护方式的重要辅助与补充，数字化为实现非物质文化遗产的保护和展示提供了无限空间。本章为非物质文化遗产的数字化传承，论述了非物质文化遗产传承的规律与特点、非物质文化遗产数字化传承的技术体系、非物质文化遗产数字化传承的风险及其规避。

第一节　非物质文化遗产传承的规律与特点

一、非物质文化遗产传承的规律

（一）基本规律

非物质文化遗产的传承，遵循着恒定与活态流变的双重规律。这种恒定性，如同人类智慧的瑰宝，蕴含着我们的思想、情感以及劳动成果。生产方式、生活方式，以及情感与思想的表达方式，都凝结着集体的智慧，具有不可动摇的稳定性。这并非单个个体可以随意更改的，而是历经岁月洗礼，被历史和人民共同维护的。然而，非物质文化遗产并不是僵化不变的。随着时代的变迁，环境，生产、生活条件以及审美趋向都在不断演变。在这一过程中，每个环节的传承者都会将自己的独特体验、感悟融入其中。这种融合与变化，使得非物质文化遗产在继承中不断创新，在流变中始终保持其生命力。这就是其恒定性与活态流变性的和谐共存。

（二）周期规律

非物质文化遗产的传承普遍需要一定的周期，这是非物质文化遗产传承所要遵循的规律。由于人体是非物质文化遗产传承的主要载体，所以传承者在体力与智力上的变化周期决定了非物质文化遗产传承的周期。

1. 技艺掌握的普遍周期

大部分非物质文化遗产的共同点是，技能掌握都需要经验的不断积累。从时间上看，5 年的刻苦学习是成为专业人士必需的基础时间，如果想要更为杰出，则需要投入更多的时间和具备更好的学习技巧。

传统上，无论是学戏还是学手艺，一般作为学徒跟随师父学艺的时间都是 3 年。之后学戏的可以上台担任角色，学手艺的可以制作一般的产品或者给师父做主要帮工。一般 3 年就可以出师，其中大部分人还需要以帮工或无偿劳动的方式继续跟着师父学习以提高技艺。这样 5 年后就会对技艺较为熟悉，做手艺的能够独立谋生，演戏的可以担任重要角色。如果要达到熟练的程度，一般要经历 10 年的磨炼，优秀的则可以成为行业的后起之秀。例如，泉州提线木偶师需要苦练

“传统线规”8至10年，才能上台操演木偶。之后要进一步掌握技艺精髓，并在此基础上形成个人的独特风格，这一般需要20年的磨砺。相对于现代科技的掌握，这一周期是很漫长的。这是由非遗的特点决定的。非遗是依赖体力和脑力的共同作用来展现的，所以没有足够的身体力行的实践，就无法积累足够的经验，也就无法掌握技艺的精髓。

传承者要有一定的学艺天分，还要有较为强烈的学艺意愿，勤奋学习，一直不断地实践体悟，欠缺这几点，很难达到以上阶段的水平。其中也有一些人天赋异禀，能够在比他人更短的时间内掌握相关的技艺，并且更容易超越一般人的水平，成为行业的顶尖人物，或者开创某一种新的技艺或流派，但这种人不常见，所以他们个人的特殊性，不代表行业的普遍规律。

2. 部分非遗项目有其特殊的掌握周期

（1）基本生存技能型

众多当下掌握者很少而被认定为非物质文化遗产的技艺，在历史上却曾经是某一区域人人都能够掌握的技艺，是他们基本的生活技能。例如，在农业社会中，男人都必须掌握种植农作物、制作简单农具的技能。在游牧地区，驯马、搭建蒙古包（或毡房）、治疗牲畜常见病，是男人必需的技能。而在前工业时代，世界各地的女性大多在出嫁前就精通了纺织（或处理动物皮毛）、缝制衣物、制作食品等基本技能。以上这些技艺，是普遍的生存技能，技艺难度较低，掌握的周期也相对较短，也因为是最常用的技艺，运用习练的频率最高，一般3～6个月即可基本掌握，2～5年就可以非常精通。

但随着工业时代的到来，生产生活方式改变，这些曾经被普遍掌握的基本生存技能逐渐失去原有的功用，掌握的人也逐渐变老、减少，反复练习的可能性降低，学习的难度也比之前提高了。

（2）耳濡目染型

耳濡目染型的非物质文化遗产，是指传承者自出生就生长在相应环境中，很自然地受到熏陶，自觉或不自觉地就掌握了基本技能、知识，或者毫无选择地遵循了某些习俗或行为习惯。很多植根于民间的自娱自乐的文学、音乐、舞蹈、表演艺术，其传承就是一种群体性的行为，并无非常明确的谱系，也不会正式拜师，就是自小生活在相应的环境中，通过模仿或参与活动就自然而然地掌握了。哈萨克族、蒙古族、维吾尔族、侗族等众多民族一直就有着深厚的歌舞传统文化，在那种歌舞环境中出生长大的孩子，大部分都能歌善舞。闽南童谣过去是民间儿童娱乐的一种口传文学形式，20 世纪 80 年代，生活在闽南地区的儿童仍然能念唱一两首。

在一些将非物质文化遗产技艺作为谋生手段的家族或特定区域内，其家族成员或居民学习相关技艺就从耳濡目染开始，很小就接触相关技艺。旁观、模仿、帮忙打下手这些学习的初步阶段在很小的时候就开始了。出生于戏剧世家的孩子，自会说话会走路就开始模仿大人演戏；盛产陶瓷的地方，孩子最早玩的游戏就是玩陶泥、捏泥人；在民间木偶戏班长大的孩子，从小就喜欢把弄提线木偶。

耳濡目染型的传承，其传承学习的周期与一般周期在长度上大致是相同的，但是因为传承者在很小的时候就已经熟悉了相应的环境和环节，或者就已经入门，所以具有先天的学习优势。这样就会出现两种情况：一种是很早就掌握、精通了相关技能，幼年学艺，少年成名；一种是当他们正式开始学习时，掌握技艺的时间会比其他人更短，掌握的程度更优。

（3）经验积累型

耳濡目染是学习掌握非物质文化遗产技艺的主要途径，而有些非物质文化遗产技艺的掌握与娴熟运用，则更依赖经验的积累。掌握这类技艺的杰出匠人和艺人无不强调学技艺就是要做“笨人”，坐得住冷板凳，愿意年复一年地重复练习看似枯燥的技艺。这类技艺在学习的过程中，更需要耐心和定力，因此，其入门的周期可能和一般技艺大致相同，但人们要达到熟练运用的程度并成为行业中的佼佼者，则需要更长的时间。例如，苏州御窑金砖的制作中，每道工序都极为严格，必须在有多年生产经验的老师傅的指导或亲自参与下才能完成。掌握古旧书画修复技艺的艺人，能够让损毁极为严重的书画“回春”，人称“书画郎中”。其中漂洗、补洞、上色等工序，稍有不慎就可能前功尽弃。有些工序全凭艺人的视觉、触觉等，只有多年操作实践，才能运用无误。所以能够修复各种特殊的残旧破损书画的艺人，往往需要 30 年以上的从艺经历。经验积累型的技艺无论是掌握还是娴熟应用，都比一般技艺的掌握周期要更长。

二、非物质文化遗产传承的特点

工业革命开始之后，现代教育出现并逐步完善。现代教育，在基础阶段是通识普及性教育，在高等教育阶段分为两个部分：一部分是理论学习，如数学、哲学、文学等基础学科；另一部分是强调实验和案例模块分析的应用型学科，如化学、物理以及经济学、管理学等社会科学。这些教育，都以书本（教材）学习为主要途径。在这些强调思维和知识的普通教育之外，还有强调技能学习的职业教育。工业革命后，现代职业教育的主要内容就是教授如何操作机器，为现代产业提供合格的劳动者。

与现代教育相比，非物质文化遗产传承的最大特点就是始终将传承者自己的身心体验作为主要学习方式。在非物质文化遗产学习的过程中，师父（老师）除了通过语言来传授知识、技能，更多的则是亲身示范。徒弟的学习，则从旁观师父操作、聆听教诲开始，之后要做帮工、打下手、模仿，而后自己亲自操作。掌握相关技能出师后，还需要继续实践演练一定的时间，之后才能达到较为得心应手的水平。从这一点看，“体悟”是表现非物质文化遗产学习最恰当的词语，通过身体的实践来领悟要领并不断提升技能水平。虽然部分非物质文化遗产被引入现代教育模式，有了系统教材，并以课堂教学为主，但是体验和实践仍然是主要的学习方式。

部分具有群体传承特点的非物质文化遗产在耳濡目染中不自觉地就掌握了。比如，民歌、民间舞蹈和一些简单的生活技能等传承者自小就沉浸在相关的环境中，通过观摩、聆听、模仿、游戏、玩耍等，自然而然地就学会了；或者学习时，只需要长辈简单地提示、指点，就可以掌握要诀。

无论技术难度如何，非遗传承的基本特点，就是通过体悟、感受、模仿、操作等积累经验，从而掌握技艺或知识，也就是通常所说的手口相传、口传心授。由于传承中经验的积累至关重要，所以对于具有丰富经验的师父，学徒的态度是谦恭的。

第二节　非物质文化遗产数字化传承的技术体系

一、非物质文化遗产数字化资源库建设技术

在信息时代，数字化资源库的建设已成为文化传承与发展的重要基石。其核心在于依据既定标准，对数字化采集的资源进行有序存储、高效管理及广泛传播。当前，这一建设工作主要由传统的资源库建设单位集中执行，并采取两种主要的

模式：一是多单位根据需求共享的单向建设和传播模式；二是各级文化部门、科研院所、文化创意企业等多单位共建共享的双向建设和传播模式。以全国文化信息资源共享工程为例，该工程由文化部（今为文化和旅游部）、财政部共同组织实施。在项目建设初期，构建了国家中心、省级分中心、市县支中心及乡镇（街道）/ 村（社区）基层服务点为主体的四级网络。其中，国家中心负责资源的统一收集与处理入库，为各分中心提供便捷的网络资源服务。这种模式在初期有效地推动了资源共享工程的建设。随着网络技术的飞速发展，基层服务点的数目迅速增长，传统的资源库集中建设与单向传播模式已难以适应业务的发展需求。因此，技术演进的趋势促使传统的资源库建设技术向分布式架构转变。在这样的背景下，一种新型的资源库建设模式逐渐崭露头角。这种模式以政府部门为牵头单位，科研院所、文化遗产保护部门及文化创意企业等作为资源提供方和使用方，同时通信服务商、广电集团等则作为资源运营方。这种模式强调“政府有力监管、多方共享共建、集成开放服务”，此新型模式将非物质文化遗产资源的单向传播共享转变为双向互动传播模式。

二、非物质文化遗产数字化产品开发技术

非物质文化遗产数字化产品是指以丰富的资源库为依托，通过整合文本、图像、音频、视频以及三维模型等多种素材，以非物质文化遗产为主题所开发的数字产品。从资源管理的角度来看，这些数字化产品同样属于资源范畴，可按照既定标准存储于资源库中以实现共享。目前，非物质文化遗产数字化产品的开发主要分为传统媒体形式与新媒体互动形式两种。传统媒体形式的产品主要受限于电视、广播等传统接收终端的功能，其表现形式包括电视纪录片、动画片等数字内容产品。虽然这类产品对接收设备的要求较低，但用户往往处于被动接收知识的状态，这在一定程度上不利于非物质文化遗产的学习与传播。如今，科技不断进步，数字化产品已步入新媒体时代。新媒体已成为数字文化产业技术升级和传播手段革新的关键载体。新媒体与传统媒体的最大区别在于其交互性显著增强，这极大地提升了受众的主动性和兴趣度。因此，在数字化产品开发领域，新兴信息技术如虚拟现实技术、立体显示技术以及多感知自然交互技术等被广泛运用于新媒体数字化产品的开发中。这些技术的应用不仅丰富了数字化产品的表现形式，也提高了用户的体验感，使其更加符合现代人的信息获取与交互需求。

（一）虚拟现实技术

1. 3D 建模技术

非物质文化遗产的数字化传承可以依靠三维（3D）建模技术来实现。该技术可以帮助我们从零开始构建一个位于异度空间的虚拟世界，或是将现实生活中的场景和人物转化成虚拟世界的一部分。人们可以通过这种技术更加直观地感受非物质文化遗产。

（1）3D 计算机建模

简单来说，3D 计算机建模就是通过各种三维软件在虚拟的三维空间中构建出具有三维数据的模型。这个模型又被称作“3D 模型”，可以通过名为“3D 渲染”的过程以二维的平面图像呈现出来，或是用 3D 打印设备创造出来。3D 建模的过程可以是自动的，也可以是手动的。手动建模的过程和人类自古就有的造型艺术与雕塑非常类似。3D 计算机建模通常用于非物质文化遗产的保护与传承，借助该技术人们可以了解传统手工艺的具体步骤。

（2）3D 摄像机

3D 摄像机又被称作“立体摄像机”，它是利用人眼的双眼视差效应来拍摄立体视频图像的设备。3D 摄像机通常有两个或多个镜头，通过两个镜头的间距和夹角记录影像的变化，从而形成立体视觉效果。两个镜头间的距离和人的双眼间距相似，都在 6.35 厘米左右。所拍摄的影像在具有立体显示功能的设备上播放时，就可以产生具有立体感的影像效果。传统的视频等记录方式，使非物质文化遗产得以保存和传播，但是其视觉效果通常局限于 2D 平面内，3D 摄像机可以最大限度地还原非物质文化遗产，我们能够身临其境般感受非物质文化遗产的魅力。

（3）360° 全景拍摄

随着 Oculus Rift（一款为电子游戏设计的头戴式显示器）等头戴设备的兴起，人们在惊叹于这类头戴设备所带来的沉浸式体验之余发现了一个重要的问题，就是可供体验的内容实在是寥寥无几。虽然有的电子设备厂商自己也推出了一些 360° 的视频和图片体验内容，但只能让用户简单地体验一下，一旦用户需要体验更多的内容，就会感到十分无奈。

（4）3D 扫描技术

说起扫描，我们会想到在日常生活中经常使用扫描仪将文件或照片扫描成电子格式，以便分享给其他人。在构建虚拟世界的时候，除了使用常规的 3D 计算机建模技术和实景拍摄技术，我们还可以使用 3D 扫描技术对真实环境、人物和物体进行快速建模，将实物的立体信息转化成计算机可以直接处理的数字模型。

3D 扫描仪就是利用 3D 扫描技术就真实世界的物体或环境快速建立数字模型的工具。3D 扫描仪有多种类型，但通常可以分为两大类：接触式 3D 扫描仪和非接触式 3D 扫描仪。这里需要强调的是，虽然接触式 3D 扫描仪的精度较高，但是体积巨大、成本高昂，而且对物体表面会造成损伤，其应用领域因此受到极大的限制。

光学 3D 扫描技术又分为被动方式和主动方式两种。被动方式其实就是利用 3D 光感应器来捕捉物体表面的自然光，然后利用双眼视差原理生成立体影像。主动方式即向物体表面投射特定的光，精度较高，但扫描速度慢，而且激光会对生物体造成一定的伤害。光学 3D 扫描技术的成本较低，但无法处理表面发光、有镜面效应或是透明的物体，当然更不可能扫描物体内部的结构。

3D 扫描技术和 360° 全景拍摄技术既有相似之处，也存在一定的差别。相似的地方在于，3D 扫描技术和 360° 全景拍摄技术一样通常只能收集物体表面的信息。不同之处在于，3D 扫描技术关注的是物体表面的距离信息，而 360° 全景拍摄技术关注的是视场范围内的物体表面的色彩信息。所以用 3D 扫描技术得到的是场景或物体的三维数字模型，而用 360° 全景拍摄技术得到的是“瞬间”或动态的影像信息。

那么是否可以说 3D 扫描技术就可以完全替代 360° 全景拍摄技术呢？至少短期内这个答案是否定的。因为 3D 扫描技术通常用于对小范围内的场景或单个物体进行静态的 3D 建模，而 360° 全景拍摄技术则可以捕捉大范围内的动态影像。此外，3D 扫描技术更关注物体表面的拓扑结构，而忽视色彩信息；360° 全景拍摄技术作为传统摄影摄像技术的升级，更关注光影和色彩。只有将两种技术结合起来，才可以构建近乎真实的虚拟世界。3D 扫描技术可以用于雕版印刷等非物质文化遗产的数字化保护与传承，帮助我们记录该项技艺的整体和细节，这样人们就可以直观感受这些非遗技艺的魅力。

2. 虚拟现实引擎

在通过各种建模技术获得了或真实或虚拟的场景、人物、物体模型之后，如何使用它们来构建一个我们需要的虚拟世界呢？这个时候就该虚拟现实引擎登台亮相了。通过虚拟现实引擎我们可以构建一系列所需的场景。众所周知，非物质文化遗产的产生和发展与其所处的环境息息相关。在科技快速发展的今天，许多非物质文化遗产的自然生存环境都遭到了不同程度的破坏，我们可以通过虚拟现实技术再现和复原一些自然场景，这样即使我们没有办法去当地观看，也能体会原汁原味的非物质文化遗产。

一般来说，虚拟现实引擎需要具备以下功能。

（1）三维场景编辑

开发人员需要把可视化的三维场景模型导入，并进行后期的编辑。

（2）交互信息处理

当虚拟世界中的环境、人物或物体接收到来自真实世界的交互信息（无论是以何种形式）后，程序需要对这些信息进行处理。

（3）物理引擎

虚拟世界中的环境、人物或物体也应该受到类似真实世界的物理规律的制约，包括重力、作用力、反作用力、摩擦力等。

（4）粒子特效编辑

为了让虚拟世界中的画面效果更加真实，需要使用各种粒子特效来模拟下雪、下雨、雾霾等自然现象。

（5）动画和动作处理

虚拟世界中的各种角色需要模拟真实世界中该角色的各种动作，只有这样，才不至于像看木偶片。

（6）网络交互

独乐乐不如众乐乐，如果一个虚拟世界中只有一个活生生的人，除非人工智能已经达到了极高的境界，那么即便这个世界的风景再绚丽，显然也是非常无趣的。

必要的时候还需要搭配一个虚拟的社交系统或虚拟社区，让人们以化身的形式登陆虚拟世界，并且进行各种互动。

在“Oculus Rift”这种头戴设备大行其道之前，虚拟现实技术其实在各个行业都已经得到了应用，所使用的引擎包括 Vega Prime、WTK、Virtools、中视典数字科技有限公司的 VR-Platform（简称 VRP）等。

不过目前看来，最主流的虚拟现实引擎其实也是开发 3D 游戏的三大主流引擎，包括 Unity、Unreal 和 CryEngine 等。特别是 Unity 和 Unreal，与海内外各大头戴设备厂商和交互设备厂商都有着非常密切的合作。

3. 3D 全息投影

3D 全息投影技术可以将来自另一个时空的人物或场景的三维影像直接投影到空气中，并实现自然的交互。我们可以在 3D 全息投影中感受非物质文化遗产的细节，对于一些传统技艺类的非物质文化遗产我们甚至可以参与其中。

3D 全息投影技术可以利用光线的干涉和衍射原理再现物体真实的三维图像，不仅可以产生立体的三维图像，还可以让三维图像和使用者进行互动。

3D 全息投影技术可细分为投射全息投影与反射全息投影两种形式，其本质为全息摄影技术的逆向应用。与传统的立体显示技术所依赖的双眼视差原理不同，3D 全息投影技术能够通过将光线精准投射至空气中或特定的媒介上，实现真正的三维影像呈现。这一技术使得观众能够从任何角度观察影像的不同侧面，获得与观察现实世界中的物体无异的视觉体验。

其实有些演出中就用到了当今商用领域最主流的 3D 全息投影技术，将所需的影像投射在专用的全息膜上。目前，我们经常看到的各类表演中所使用的 3D 全息投影技术都需要用到全息膜这种特殊的介质，而且需要提前在舞台上做各种精密的光学布置。虽然看起来效果绚丽无比，但成本高昂，操作复杂，需要经过专业的训练，并不是每个普通人都可以轻松享受到的。从某种程度上来说，目前的主流商用 3D 全息投影技术只能被称作“伪全息投影”。

4. 数字虚拟视景仿真技术

虚拟现实技术主要涉及三个研究领域：通过计算机图形方式建立实时的三维视觉效果；建立对虚拟世界的观察界面；加强虚拟现实技术在科学计算技术可视化等方面的应用。虚拟现实视景技术就是计算机生成的随时间变化的三维图形技术，它是虚拟现实技术的基础支撑技术，其核心是三维图形引擎技术。数字虚拟视景仿真技术打破了以往的技术局限，达到了更为沉浸的效果，利用数字虚拟视景仿真技术可以再现非物质文化遗产的发展历程，如展示该项活动是如何产生、如何发展又是如何影响当地居民生活的，这样我们就可以更加全面地了解非物质文化遗产，并对其进行更全面的保护与传承。

（1）虚拟视景仿真系统的一般组成

虚拟视景仿真系统一般应包括虚拟仿真引擎、虚拟仿真系统交互接口、虚拟仿真建模、虚拟想定生成、虚拟仿真资源管理等子系统。

在虚拟仿真领域中，虚拟仿真引擎的作用不可替代，其核心作用体现在集成了多项先进技术，如三维图形实时渲染、三维声音合成、立体显示、动态环境建模以及物理引擎等。通过对这些技术的整合，虚拟仿真引擎形成了一套函数集，旨在为虚拟仿真系统的开发提供便利。这使开发人员得以专注于应用层面的创新，而无需过多关注底层技术的实现细节，从而能够高效地开发出高水平的虚拟仿真系统。

沉浸感是衡量虚拟仿真系统成功与否的关键指标之一。虚拟仿真系统需为用户提供逼真的显示画面和自然的交互接口。这样不仅能够提高用户的参与度，还能更好地达成评估与训练等目的。为了达到这一目标，系统必须集成多种交互设备，如数据手套、空间定位器、头盔显示器等。

在虚拟仿真系统的构建过程中，模型是仿真活动的基础和核心。虚拟仿真建模是不可或缺的一环。与普通仿真系统相比，虚拟仿真系统不仅需要使用数学公式进行系统运行规律的建模，更需要深入探究虚拟环境与虚拟对象的物理属性、运动规律等。这涉及视景建模、物理建模、行为建模以及过程建模等多种新型建模方法和手段。

在军事领域中，“想定（scenario）”一词指的是将作战意图转化为具体的作战实施计划。而想定系统则是一种辅助想定编制和仿真运行的软件系统。它能够将各个独立的仿真模型按照一定的规范放置在共同的环境中，赋予它们相应的使命和关系，从而形成仿真想定模型。通过想定系统的运用，我们可以进行仿真试验和运行，服务于训练和演练，最终采集有效的仿真数据，为后续的评估、训练等提供数据支持。这一过程不仅提高了军事训练的效率和效果，还为决策者提供了更加准确和全面的信息支持。

模型、想定及其他仿真资源应该由虚拟仿真资源管理系统进行统一的管理。此做法的优点显著。首先，这有助于保障仿真资源的一致性。集中化的管理方式，可以避免数据分散存储和多头管理的混乱局面，使得仿真资源的保存变得更为简便，同时也方便了资源的读取和使用。其次，该管理方式有利于高效利用管理设备和软件资源。只有当资源被集中存放并实施统一管理时，管理设备和软件才能发挥最大的效用，从而实现资源利用的高效性。最后，这一管理方式还有助于提升资源的安全性。实施统一的防灾备份和其他安全措施，可以在意外灾难发生时确保资源有效恢复，从而大大提升了资源的安全性。

（2）实时视景的生成和显示

在虚拟视景仿真系统中，其构成要素主要包括视景数据库、图像生成器和显示系统。其中，视景数据库包含了几何定义数据、仿真环境所需的色彩和纹理等信息；图像生成器则负责根据视点定义的数据绘制图像；而显示系统则可以是投影仪、头盔显示器等设备。

就图形学的发展而言，图形硬件加速器的角色不可忽视。高性能的图形工作站和高度并行的图形处理硬件与软件体系结构是实现图形实时生成的重要途径。然而，由于应用模型的复杂度往往超出当前图形工作站的实时处理能力，因此在视景仿真中，从软件角度出发，降低图形画面的复杂度，已经成为图形生成的主要目标。

要提高图形显示速度，一个有效的方法就是降低场景的复杂度，即降低当前场景的多边形数目。目前，主要有下述几种常用的方法。

①可见性判定和消隐技术。在图形呈现和数据处理的过程中，鉴于人眼视线的定向性及视觉的局限性，我们所观察到的场景往往只是整体的一部分。这是因为物体间的相互遮挡以及视线方向和视觉范围的限制，使得图形生成成为从物体空间到图像空间的转换过程。针对活动目标而言，每次所涉及的三维实体目标可能各不相同。有些目标可能并不包含在当前的可视化数据库显示内容中，而另一些目标则可能被完全展现。因此，必须对数据库进行精确的检索，检索出需要呈现的部分。经过坐标转换和透视投影，这些部分最终转化为屏幕上可显示的图像。部分图像可能会超出屏幕的显示范围，或仅部分显示在屏幕上，需要进行可见性判断以及图像裁剪操作。

由于观察视角的差异，我们只能看到三维物体的某些面，而其他面则因被遮挡而无法观察。那些完全或部分被其他物体遮挡的面被称为“隐藏面”。消除这些隐藏面，即消隐技术，是为了在给定的观察位置上呈现出不透明物体图像的基本真实感。

目前，最常用的消隐算法是Z缓冲器算法。由于其简单易行且能在硬件上实现，这一算法被广泛地应用于实时绘制系统中，并事实上已成为图形学中的标准算法。

②细节层次模型技术。在探讨视景仿真及三维图形仿真环境的真实性时，我们不得不关注其核心要素：动态画面的连续性与图形元素分辨率的精确度。这两者之间的平衡，对于营造出逼真且流畅的视觉体验至关重要。我们需认识到提高模型分辨率的重要性。使用更多的三角形或多边形来细致描绘物体外形，无疑能使场景更加逼真，更加贴近现实。然而，这一过程往往伴随着图形处理负荷的增加，进而导致场景渲染时间的延长，甚至可能造成动态画面的不连续。反之，若降低模型分辨率以加速场景绘制，虽然可以缩短渲染时间，但可能会牺牲画面的真实感，导致失真现象出现，这显然不利于维持视景仿真的真实体验。

细节层次模型技术正是为了解决这一问题而发展起来的。该技术允许对每个物体建立多个具有不同分辨率的模型，这些模型在细节描述上有所差异。当场景中的某些可见面在屏幕上的投影小于一个像素大小时，这些可见面可以被合并而不会有损画面的视觉效果。这一原理的应用，使得在物体离视点较近时，能够采用高分辨率模型以捕捉丰富的细节；而在物体离视点较远时，则可选用低分辨率模型以减少不必要的细节描绘。

视景仿真程序通过一套判定机制，能够根据实际情况适时地选择相应分辨率的模型。这样一来，程序便能够避免因过度绘制那些对整体视觉效果影响不大的细节而造成的时间浪费。这不仅有效地协调了绘制速度与场景逼真性之间的关系，还极大地提升了视景仿真的整体效果。细节层次模型技术的运用，实际上是一种对资源与效果之间平衡的智慧处理。它不仅考虑了画面的真实感，还兼顾了绘制的效率性。在未来的视景仿真与其他三维图形仿真环境中，这一技术将继续发挥重要作用，为观众带来更加逼真、流畅的视觉体验。

③实例化技术。在处理复杂的三维模型时，尤其是当场景中存在多个几何形状相同但位置各异的物体时，我们可以采用实例化技术来优化资源利用。例如，在一个动态的地形或地貌场景中，虽然有大量结构、形状、纹理相似的树木，但它们之间的差异仅体现在位置、大小和方向等方面。若将每棵树都存入内存，这将造成极大的内存浪费。而通过内存实例的方法，即我们只需在内存中保存一份树木实例，通过平移、旋转和缩放这一实例，我们便能得到所有结构相同的树木，这样便有效地节约了内存空间。

采用实例化技术的主要目标是节约内存空间。从这一角度出发，内存占用的减少自然会导致显示速度加快。然而，需要注意的是，由于物体的几何位置需要通过几何变换来获取，这一过程可能会对速度产生一定影响。因此，采用内存实例方法实际上是一个对速度和内存进行综合考虑的权衡问题。

（二）立体显示技术

视觉信息是人类获取信息的主要来源，它具有直观、真实、可靠等特点，因此视觉信息显示的研究工作正受到越来越多人的重视。众所周知，人的视觉是立体视觉。在观看物体时，观察者既能感觉到物体之间的距离，也能感觉到物体与观察者之间的距离，这就是所谓的深度感。而常见的如电影、电视、计算机显示器等仅能提供平面视觉，缺少应有的深度感信息。人类对立体视觉的追求推动了立体显示技术的发展，立体显示技术是虚拟现实技术的一个重要分支。立体显示技术可以用于剪纸、书法、篆刻等非物质文化遗产的数字化保护与传承中。过往我们对于这类非物质文化遗产的了解往往是通过一些非遗作品，这种了解局限于二维平面，立体显示技术能够对二维作品进行立体显示，这样可以拉近我们与非物质文化遗产的距离，使我们对非物质文化遗产不仅仅停留在欣赏层面，而是可以开展更加深入的学习。

1. 立体显示技术的发展及应用

立体显示技术有着广泛的用途，所有的平面信息显示都可以用立体显示来代替。立体电影已投入使用，立体电视也已在研制中，而立体显示技术最大的应用领域当推虚拟现实技术。立体显示是虚拟现实技术的视觉显示系统，是虚拟现实系统交互性和临场感的一个重要组成部分，缺少立体显示环节的虚拟现实系统是无法想象的。

虚拟现实技术的一个重要特点是临场感。这种感觉能使设计人员更好地模拟产品的实际应用环境，优化产品设计，通过动态仿真否定设计中不合理的成分，使设计更趋完善。在模拟培训中，临场感可使操作者有身临其境的感觉，从而提高训练质量，缩短培训周期。而这种临场感大部分来自虚拟现实系统中的立体显示。可见立体显示技术的优越性是常规显示技术无法比拟的。随着计算机和互联网技术的飞速发展，虚拟现实技术突飞猛进，立体显示技术也取得了长足进步。

立体显示技术，为视觉体验带来了革命性的变化。其主要的实现方式大致可以归结为三种技术路径：头盔式显示器、红蓝眼镜法，以及与传统显示器配合使用的三维立体眼镜法。头盔式显示器以其卓越的显示效果，无疑在技术上处于领先地位。然而，其高昂的价格，通常超过一万美元，限制了其在更广泛领域的应用。由于国内元器件供应的局限性，头盔式显示器的研究与应用也受到了一定的制约。相比之下，红蓝眼镜法则是一种简单而经济的观察方式。其设备与操作方法均较为直接，无需过多解释。而与传统显示器配合使用的三维立体眼镜法——眼镜开关法，则以其经济实惠、真彩色成像的特点，在民用领域得到了广泛的应用。无论是美国、日本、韩国还是西欧国家，都在这一领域推出了各具特色的简易观察设备。

三维视景立体显示技术的崛起，为传统的微机平台带来了全新的功能。从平面显示到立体显示的转变，不仅满足了人们对三维视景真实感的需求，更在视觉体验上带来了质的飞跃。基于3D眼镜的立体显示技术，在军事与民用领域均展现出广阔的应用前景。在军事应用方面，为了降低培训成本并保证飞行员的训练效率，许多国家的空军都采用了虚拟飞行训练环境。借助传感器与三维视景立体显示装置，飞行员可以获得近乎真实的飞行体验，有效提升了训练效果。而在民用领域，各种娱乐设施、科技活动中心等，也开始广泛应用基于3D眼镜的立体显示技术。这种技术与计算机图像学的结合，为游客、参观者带来了丰富多彩的虚拟视景世界。此外，该技术还广泛应用于科学计算可视化、工业设计、监视监控、驾驶模拟培训以及三维立体游戏等多个领域，为人们提供了更加丰富多样的视觉体验。

2. 立体显示的硬件实现

要实现计算机的立体图像显示，硬件设备是一个很重要的方面。世界上不论多么完美的软件，倘若没有硬件的相应支持，是不可能实现立体图像呈现的。假如没有硬件技术的发展，虚拟现实技术是不可能做到使操纵者有身临其境的感觉的。

Microsoft Windows（美国微软公司研发的一套操作系统）提供了很强大的图形能力，在相应图形处理引擎的帮助下可处理多种格式图形的编辑和显示。Microsoft Windows提供了图形应用程序和PC（个人电脑）平台之间的设备独立性。但是，这种设备独立性技术使得软件和硬件之间增加了许多中间层次，使GDI函数提供的图形处理速度较慢，以传统方式实现实时图形处理和流畅的动画播放比较困难。随着AGP（加速图形接口）显示卡的出现，及图形处理引擎的发展，实时立体显示有了实现的可能。

（1）显示技术

自从显示卡具备了绘制像素点和绘制线条的功能以来，其技术演进历程可以说是非常漫长且复杂的。在 Microsoft Windows 或其他图形操作系统尚未问世之前，显示卡的设计和制造技术相对来说是比较基础和简单的。那时，显示卡的主要功能仅限于在屏幕上显示基本的图形和文字，而其内部结构和工作原理也相对较为单一。

随着时间的推移和技术的不断进步，显示卡逐渐发展出了更为复杂和强大的功能。尤其是在 Microsoft Windows 和其他图形操作系统诞生之后，显示卡的设计和制造技术迎来了质的飞跃。这些操作系统不仅提供了更加丰富和直观的用户界面，还对显示卡的性能和功能提出了更高的要求。为了满足这些需求，显示卡制造商开始研发更为先进的图形处理单元（GPU），并引入了更多的图形处理技术，如硬件加速、3D 渲染、高清视频播放等。

此外，显示卡的技术发展还伴随着显存容量和速度的大幅提升，以及图形编程接口的不断完善。这些技术进步使得显示卡不仅能够处理更加复杂的图形任务，还能够提供更加逼真的视觉效果。如今，显示卡已经成为计算机系统中不可或缺的重要组成部分，其技术发展仍在不断推进，以满足日益增长的图形处理需求。

（2）内存管理

为了提高显示速度，显示卡上又增加了只有图形工作站上才有的技术：显示内存。随着微机图形处理能力的不断提高，显示内存的容量有了极大提高。

（3）基于立体眼镜的立体显示系统

液晶光阀眼镜采用单一显示器并结合眼前控制快门的技术，以实现立体视觉效果。在视觉立体成像的计算机显示技术中，控制快门的功能由液晶光阀眼镜承担。该眼镜由两个快门、一个同步信号光电转换器以及 3D 驱动器组成。其中，光电转换器负责将计算机显示屏幕（CRT）上左、右画面的频率信息传递给液晶光阀眼镜，从而精确控制眼镜左右快门的开闭。这种同步信号的传递依赖于 CRT 显示的图像中特定的小正方形，该小正方形在左、右画面中的颜色是相反的，以配合液晶光阀眼镜实现立体视觉效果。

3. 重现立体三维图像效果的方式

人类需要通过双眼来观察世界才能获得立体感，那么在虚拟现实系统中，如何通过头戴式显示设备来还原立体三维的显示效果呢？目前来说一般采用以下几种方式来重现立体三维图像效果。

（1）偏振光分光 3D 显示

“偏振光”是一个光学名词，考虑到本书并不是一本光学教材，这里就不讲述光作为电磁波的偏振特性了。简单用一句话来描述，偏振光技术通过利用偏振光滤镜或偏振光片，有效筛选并允许特定角度的偏振光通过（如零度偏振光仅进入右眼，90 度偏振光仅进入左眼），从而支持两套独立画面的同步展示。观众需佩戴特制的偏振光眼镜，其镜片亦采用相应材料制成，进一步筛选光线，实现立体视觉效果的呈现。

（2）图像分色立体显示

说起图像分色技术，其实很多人并不陌生。我们曾在老师或父母的带领下去观看所谓的立体电影。进入电影院之前，每个人都会戴一副眼镜，而且是红色和蓝色的眼镜，据说也有红色和绿色的眼镜，甚至还有黄色和蓝色的眼镜，但都是同一种原理。

在使用分色技术制作影像时，会将不同视角上拍摄的影像以两种不同的颜色（通常是红色和蓝色）保存在同一幅画面中。在播放影像的时候，观众需要佩戴红蓝眼镜，每只眼睛都只能看到特定颜色的图像。而由于不同颜色图像的拍摄位置有所差异，因此双眼在将所看到的图像传递给大脑后，大脑会自动接收比较真实的画面而放弃昏暗模糊的画面，并根据色差和位移产生立体感与深度距离感。

（3）杜比图像分色

使用偏振原理的立体显示技术效果最好，也就是所谓的 IMAX 3D（线偏振）或者 RealD（圆偏振）。尽管这类技术在专业影院环境中展现出了卓越的效果，但在常规的家庭影院环境或电脑显示器上实现这一技术面临重大挑战。要想在非专业设备上实现偏振立体显示，理论上需配置两台装备了偏振滤光镜的投影仪，同时播放通过不同角度捕捉的两路影像，此外还需辅以专业的播放设备及精密的同步机制，以确保左右眼图像能够准确无误地对应并呈现出立体效果。然而，这一复杂且昂贵的系统配置，对于普通消费者而言，显然构成了难以逾越的经济与技术门槛。

随着数字影像技术的发展，传统的分色技术被所谓的杜比图像分色技术所替代。实际上，在我国的影院中，目前绝大多数的 3D 电影都采用杜比图像分色技术。虽然比起 IMAX 3D 还存在一定的差异，但是效果已经非常好了。当然，需要特别提醒大家注意的是，对音乐发烧友来说，提到“杜比 3D”可能首先想到的是立体环绕声，而我们这里则只关注立体显示技术。

（4）分时显示

分时显示技术是用来显示3D影像的一种方式，顾名思义，就是让两套影像在不同的时间播放。比如，在播放左眼看到的图像时就用眼镜遮挡住用户的右眼视野；反过来，在播放右眼看到的图像时就用眼镜遮挡住用户的左眼视野。如此高速切换两套影像的播放，会在人眼视觉暂留特性的作用下形成连续的画面。这种技术因为类似于相机的快门技术，所以习惯上又称为“主动式快门3D显示技术”。

相对红蓝分光3D眼镜，主动式快门3D眼镜不会出现偏色现象。而相比偏光3D系统，快门3D眼镜可以保证影像的完整分辨率。

（5）HMD头戴显示技术

HMD头戴显示技术是推动沉浸式虚拟现实发展的重要技术之一。其基本原理是利用头戴设备中的棱镜将影像反射至用户双眼，使影像在视网膜上呈现，从而达到模拟超近距离观看超大屏幕的效果。由于这种技术具备高解析度，用户可以获得清晰且立体的视觉体验。HMD头戴显示器通常配备两个独立的显示器，由计算机分别驱动，为两只眼睛提供不同的图像信息。这种差异使得两只眼睛形成双眼视差，再经由大脑融合这两个图像，从而产生深度感知，实现立体图像的观看。

（三）多感知自然交互技术

多感知自然交互技术是非物质文化遗产数字化保护与传承的重要手段，我们有许多非物质文化遗产都适合采用该技术，如中国朝鲜族农乐舞、中国传统桑蚕丝织技艺、龙泉青瓷传统烧制技艺等。通过多感知自然交互技术，我们可以身临其境地感受这类非物质文化遗产，甚至可以亲手操作一番。无疑这种方式对于非物质文化遗产的传承来说有着积极的作用，能够使越来越多的人喜爱并愿意深入研究非物质文化遗产。

1. 动作捕捉技术

为了实现和虚拟世界中的场景与人物之间的自然交互，我们需要捕捉人体的基本动作，包括手势、身体运动等。实现手势识别和动作捕捉的主流技术分为两大类，一类是光学动作捕捉技术，另一类是非光学动作捕捉技术。光学动作捕捉技术包括主动式光学捕捉技术和被动式光学捕捉技术，而非光学动作捕捉技术则包括惯性动作捕捉技术、机械式动作捕捉技术、电磁式动作捕捉技术甚至是超声波式动作捕捉技术。从动作捕捉的范围来看，动作捕捉分为手势识别、表情捕捉和身体动作捕捉三大类。

中国皮影戏是我国非物质文化遗产中的瑰宝，近年来人们开始将动作捕捉技术运用到皮影戏的数字化保护中。皮影表演艺术家精妙绝伦的操纵技术是皮影艺术价值的核心，因此对于精湛的皮影操作技艺的保护十分重要。一方面我们要加强对传承人的保护，另一方面我们可以运用动作捕捉技术，实现对皮影操作技术的数字化保护。通过动作捕捉系统，我们可以将皮影艺术家的每个表演动作转换为可记录的数据，从而实现对皮影戏的数字化保护。

典型的动作捕捉系统包括传感器、信号捕捉设备、数据传输设备和数据处理设备。通过不同技术实现动作捕捉的设备各有优缺点，可以从几个方面来评价：定位精度、实时性、方便程度、可捕捉的动作范围、抗干扰性、多目标捕捉能力等。

在众多动作捕捉技术中，机械式动作捕捉技术的成本低，精度也较高，但使用起来非常不方便。

超声波式运动捕捉装备成本较低，但是实时性较差，精度也不是很高，目前使用得比较少。

电磁式动作捕捉技术较为常见。它主要由发射源、接收传感器以及数据处理单元构成。发射源负责产生按照特定规律分布的电磁场，而接收传感器则安置在演员的关键部位，随着演员的动作在电磁场中运作。通过有线或无线的方式，传感器与数据处理单元相连，以记录和传输演员的动作数据。然而，电磁式动作捕捉技术对环境的要求较高，且对演员的活动范围有所限制。

惯性动作捕捉技术也是主流的动作捕捉技术之一。其基本原理是通过惯性导航传感器和惯性测量单元（IMU）来测量演员动作的加速度、方位、倾斜角等特性。惯性动作捕捉技术的特点是不受环境的干扰，不怕遮挡，采样速度高，精度高。

以上提到的几种动作捕捉技术各有优劣，它们的共同缺点是系统过于复杂、成本高昂，更适合商用，也就是通常被游戏开发商或者影视制作公司使用。对普通玩家和用户来说，至少在短期内不太可能用上如此复杂且价格高昂的设备。

2. 语音交互技术

一个完整的语音交互系统包括对语音的识别和对语义的理解两大部分，不过人们通常用“语音识别”这一词语来概括。语音识别包含了特征提取、模式匹配和模型训练三方面的技术，涉及的领域很多，包括信号处理、模式识别、听觉机理、心理学、人工智能等。

昆曲是我国最早被联合国教科文组织列为“人类口头和非物质遗产代表作”的非物质文化遗产，近几年随着科技的发展，昆曲的保护也不再局限于传统手段，语音交互技术是实现昆曲数字化保护的重要手段。人们通过现代化的语音交互技术，对昆曲的发音特征等进行提取和整理，帮助昆曲学习者进行训练。

相比其他几种交互技术，语音交互技术更多地属于算法和软件的范畴，但其开发的难度及可提升空间丝毫不逊于其他交互技术。

3. 触觉反馈技术

触觉反馈技术又被称作力反馈技术，在游戏行业和虚拟训练中一直有相关的应用。具体来说，它会通过向用户施加某种力，让用户产生更加强烈的沉浸感。触觉反馈技术可以帮助我们在虚拟世界中创造和控制虚拟物体，提高远程操控机械或机器人的能力等。2010 年中医针灸被联合国教科文组织列入“人类非物质文化遗产代表作名录”，近年来中医针灸得到了长足的发展，现代科学技术使中医针灸的保护与传承方式得到了极大的丰富和拓展，触觉技术被广泛应用于中医针灸训练领域，人们通过触觉反馈技术可以在虚拟系统里模拟针灸过程，并帮助自己提升针灸技巧。

4. 数据手套和数据衣

数据手套和数据衣是最经典的交互解决方案。以数据手套为例，根据其用途，可以分为动作捕捉数据手套和感知反馈数据手套两种。顾名思义，动作捕捉数据手套的主要作用就是捕捉人体手部的姿态和动作，通常由多个弯曲传感器组成，可以感知手指关节的弯曲状态。

数据手套只能满足人体手部进行自然交互的需求，如果要让人体多个部位都能感觉到虚拟世界中的反馈，就需要用到数据衣。和数据手套类似，数据衣也分为动作捕捉数据衣和感知反馈数据衣两种。

动作捕捉数据衣是为了让虚拟现实系统识别人体全身运动而设计的输入装置，这里就不再赘述了。感知反馈数据衣的作用不是输入，而是输出，其可以在虚拟世界的环境和物体通过物理规律对代表用户的虚拟形象产生作用时，如刮风、下雨、温度变化、物体抛掷或降落等，让用户产生身临其境的感觉。

太极拳是我国的非物质文化遗产，如今，其频繁出现在人们的生活当中，许多老年人将太极拳作为一种健身休闲活动，但是如何科学准确地对太极拳这项非物质文化遗产进行数字化保护仍是我们需要进一步探索的内容。数据手套和数据衣是对太极拳进行数字化保护的重要方式，通过动作捕捉数据手套和数据衣我们可以捕捉人体动作数据，形成数据资源库，而感知反馈数据手套和数据衣可以辅助人们学习和练习太极拳，使人们的动作更加科学、准确。

第三节　非物质文化遗产数字化传承的风险及其规避

一、非物质文化遗产数字化传承的风险

“人工智能、虚拟现实、云计算等新兴技术正在改变信息与知识传播的方式，渗透并影响着当代人的生活与思维方式，也将与人类文明的走向密切相关。作为人类文明产物之一的非物质文化遗产在当代面临挑战与机遇并存的复杂局面，需要应对生存环境和价值观念的巨变，同时也与人类对于文化多样性认识的觉醒以及文化遗产保护能力的提升不期而遇。”① 数字化技术对于非物质文化遗产的传承具有一定的积极作用，同时也必然伴随着一些风险，我们应该理性看待非物质文化遗产数字化传承的风险，寻求更加完善的保护策略。

标准化及高兼容的文件格式是当前非遗数字资源中最常见的前提条件，这个内容直接关系到非遗数字资源是否能够跨越地区和时空进行交流，从而实现永久流传的目标。文件格式是指计算机在对信息进行储存的时候采取的编码方式，也用于内部储存资料的识别。不同的文件格式具有不同的储存能力，而同一个文件格式由于使用的程序不同，也会产生不同的结果，在我国的国家级非物质文化遗产代表性传承人的抢救性记录工作中就出现了这一问题。在地方的记录工作中需要向社会进行招标，是外包的形式，由于前期工作经验不足，在实际记录工作中执行的技术标准不够严格，所以一些公司为了达到最好记录效果的目标，就会采取更高级别的专业录像格式。但是在后期记录成果审查的时候，发现这些格式跟文化部门日常使用的操作系统出现了无法兼容的问题，视频没有办法播放，甚

① 杨红：《非物质文化遗产数字化传播的意义更新与趋势分析》，《中国非物质文化遗产》2023 年第 5 期，第 102—107 页。

至有些文件过大，连格式的转换操作都难以实施。因此在实践过程中，对文件格式的选择，对数据的实际储存以及后续的使用都有十分重要的作用，能够直接决定后续这些数据能否被安全地储存和有效地利用。当前我国对非遗数据的储存主要通过图片、文本、视频及音频这几类形式，常见的格式有 JPG、PDF、DOC、MP3、MP4 等。这些格式都是十分常见的格式，所以同一类型的非遗资源可能并不存在统一的文件格式，而常见的一些数据内容，也会存在兼容性的问题。

上述这些情况都会对数据整合工作带来一定的难题。例如，一些较低的数据标准，会导致实际内容无法还原，比如声音不够清晰及视频不够清晰等，而这些会导致很多的手工艺非遗项目的关键环节记录不足。又如，由于一些数据格式自身的持续性和不稳定性，经常出现数据内容丢失的情况。

二、非物质文化遗产数字化传承风险的规避

（一）采录技术标准的制订

首先，采取高兼容性的文件格式，是确保非遗信息能够安全长期保存的前提条件。选取一些高兼容性的文件格式，能够使数据的采录与储存更加高效。其次，这也是对数据进行安全保存的必要方式，因为资源储存方式上的闭合性，对传承的安全十分不利。比如采取一些技术上很高效但是不常用的储存格式就会导致这类文件在后续使用过程中困难重重。特别是对条件相对有限的基层机构来说，在数据维护的问题上，不仅需要投入巨大的成本，还会面临巨大的风险。最后，采用高兼容性的文件格式有助于公众更加便捷地对非遗数据资源进行使用，实现文化成果的共享。

目前，不少国家已经出现文化遗产数字化格式的行业规范。美国最早于 2010 年提出了一份《数字化文化遗产材料技术指南》，该指南整理出了针对文化遗产的最佳数字化技术标准，并在 2015 年经过修订之后，于 2016 年形成了正式版。该指南内容涉及文物、手稿、书籍、图片等各种文化遗产机构拥有的材料的图像性能指标、质量管理等方面。比如，在静止影像方面，该指南推荐了 TIFF 和 JPEG 两种格式。

而在欧洲，在欧盟委员会“i2010 数字图书馆倡议”的指导下，由欧洲数字图书馆直接支持的“MINERVA 数字化文化内容创新技术指南”项目对文化遗产的数字化提出了指导性建议。这个出版于 2008 年的文本在图像领域推荐 TIFF、

PNG、GIF、JPEG 格式，在音频领域推荐 MP3、WMA、Real Audio、WAV、AIFF 格式，视频领域推荐 MPEG、WMF、ASF 格式。

不过，这些规范对我国不完全有直接借鉴意义。比如美国和欧盟的指导文本中都推荐使用 WAV 和 AIFF 格式。其中，WAV 格式是微软公司制订的技术标准，历史悠久，且微软操作系统在我国行政机构的办公使用中占主体地位，因此我国完全可以使用。而 AIFF 格式是苹果公司的标准，由于苹果电脑在我国行政机关的使用率较低，出于版权考量，将之作为音频标准很不现实。在非遗调查中，即使通过招标的企业因为技术便利使用了 AIFF 格式，其记录提交到文化行政部门后，也会难以调取和阅读。而在我国非常普及的 MP3 格式由于没有版权问题，且技术上可以达到高保真效果，是一个不错的替代品。此外，随着时间的推移，一些格式也逐渐退出主流市场。

根据上述内容中对不同标准及实际经验的分析来看，在制订非遗文件格式的时候，应该考虑以下几点因素。第一，保真度。也就是储存的格式是否能够全面完善地对非遗资源的特质进行表现，是否能够最大限度地对非遗资源的内容进行还原，并且在传输的过程中能够确保不会失真。第二，兼容性和通用性。储存格式只有具有强大的通用性和兼容性，非遗资源的管理成本及转换成本才能降低，非遗资源在储存中也才能更加稳定，具有可持续性。第三，安全性。由于非遗资源中涉及许多文化及商业秘密，所以安全性是十分重要的。文件的格式及如何对口令进行设置，如何对文件进行加密，对非遗文件实际的保真性和保密性都有重要的作用。第四，所占用的储存空间。对存储设备的管理及使用都会消耗大量的资源，所以在确保数据内容能够安全保真的情况下，储存空间也是文化行政部门需要考虑的因素之一。随着当前非遗普查及记录工作的不断发展，并且面对日益增加的非遗资源，对储存空间的节省和科学的储存方式展开研究是十分必要的。

（二）整理和储存技术标准的制订

当前在国际上已经存在一些数字文档的储存技术标准。比如国际声音和音视频档案馆联合会发布的技术指南，就为音视频档案数字化的保存提出了一些专业化的建议。

根据当前地方对非遗数据的保护现状，以及地方非物质文化遗产保护中心或文化馆对数据资料保存的现状，我国非常适合用档案管理的规范措施开展工作，所以在档案领域的技术标准是值得关注的。有很多学者认为档案学的思想比其他学科更加适用于传统社群文档实务的管理，与人类学和图书馆学等学科文献管理模式相比，档案学的学科文献管理模式规范，能够对一些文化隐秘内容和商业秘密更加良好地开展管理工作。因此我国的档案局对一些电子文件归档的整理方式及制订的电子资源格式和储存标准，都是有过规范性指导工作的，虽然这些规范都是推荐性而不是强制的，但是对非遗数据库的建立是具有较好的借鉴意义的。

1. 整理方式规范

过去我国非物质文化遗产的申报和审批工作主要依赖于传统的“十分类法”，这一分类体系在国家级和地方级非遗项目代表性名录的构建中发挥了至关重要的作用。它不仅为各级政府提供了构建省级、市级、县级非遗分类体系的权威参考模式，而且在实际操作中也便于管理和保护。目前，中国非物质文化遗产网以及各省的非遗数据库，基本上都是以“十分类法”为数据组织的结构模板，这在一定程度上促进了非遗信息的系统化和标准化。

然而，随着非遗保护工作的深入和人们对非遗项目认识的不断深化，“十分类法”逐渐显现出一些局限性。为了更好地适应非遗保护和传承的需要，我国提出了“十六分类法”，这一新的分类体系更加精细，更符合人类学的学科范式。它从我国的实际出发，采用了多层次的分类方法，对非遗项目进行了更为细致的划分，增强了普查工作的科学性和技术性。

例如，在“十六分类法”中，“戏曲”这一类别被进一步细化为曲牌体制的戏曲剧种、板腔体制的戏曲剧种、曲牌板腔体制的戏曲剧种、少数民族的戏曲剧种以及民间小戏剧种等多个子类别。这样的细分不仅有助于更准确地识别和保护不同类型的戏曲艺术，而且也有利于传承和推广这些独特的文化遗产。

同样，“人生礼仪”这一类别也被进一步细化为妊娠、分娩、诞生、命名、满月、百岁、周岁等更具体的子类别。这种细致的分类有助于我们更好地理解人生礼仪在不同文化和社会背景下的多样性和复杂性，从而为保护和传承这些非物质文化遗产提供了更为精确的指导。

总的来说，“十六分类法”的提出和应用，不仅体现了我国在非物质文化遗产保护工作上的进步和创新，也为非遗的传承和发展提供了更为科学和系统的框架。通过这种更为精细的分类，我们可以更好地保护和传承我国丰富多彩的非物质文化遗产，让这些宝贵的文化财富得以世代相传。

2. 储存规范

在数字化档案的规范管理领域，一个较为重要的文件是国家档案局于2014年提出的推荐性规范文件《数字档案室建设指南》(以下简称《指南》)。《指南》对数字档案储存的硬件、软件都提出了实用的指导性标准，为对系统性的数据库建设不熟悉的单位和部门提供了全面的标准化指导。在系统硬件方面，《指南》对服务器、储存与备份的一般规范、基础软件、安全保障等都有原则性的规范。这些储存规范完全可以为各地非物质文化遗产保护中心、文化馆的非遗数据库建设提供直接可用的硬件配置方面的指导。

在应用系统方面，《指南》的规范更为细致。首先，数字档案室应用系统建设应基于“开放档案信息系统参考模型”设计功能架构。“开放档案信息系统参考模型”最初是由美国国家档案和记录管理局牵头制订的一个档案信息系统模板，源于在空间科技国际合作领域提出的跨学科数据管理要求。后来由国际标准化组织（ISO）对其进行了完善和拓展，并于2012年正式发布。这个模板具有较高的技术水平，功能完善；并且由于是开放系统，可以根据储存信息的需求进行调整，因此对地方非遗数据库的建设而言是投入低、效率高的选择。

在备份方面，《指南》对在线存储设备、离线备份储存介质、备份软件、备份具体对象（档案、元数据库、目录数据库、系统配置文件和日志文件等）都作了详细而系统性的指导性规定。对各地非物质文化遗产保护中心、文化馆的非遗数据库建设而言，这些都是可以直接借用的模板，能提高工作效率，规避安全风险。

第四章　非物质文化遗产数字化保护机制的构建与实现

本章为非物质文化遗产数字化保护机制的构建与实现，阐述了非物质文化遗产数字化保护机制的构建、非物质文化遗产数字化保护机制实现的路径、非物质文化遗产管理制度的创新、非物质文化遗产数字化保护机制实现的平台和非物质文化遗产数字化保护机制实现的保障。

第一节 非物质文化遗产数字化保护机制的构建

一、非物质文化遗产数字化保护机制的构建原则

非物质文化遗产数字化保护机制的构建原则包括以下四个方面。

（一）规范化保护原则

经过多年的探索和实践，我国已经积累了大量的非物质文化遗产数字化信息，这些信息涵盖了文字、音频、视频等多种形式。然而，由于设备的多样性、标准的不统一以及操作流程的差异，这些数字化信息之间常常出现不兼容的情况，形成了所谓的“信息孤岛”现象。这种情况不仅影响了非物质文化遗产信息的原真性，也对非物质文化遗产资源的活态性构成了威胁。

在致力于维护非物质文化遗产信息的本真特质与激发其内在生命力的进程中，我们亟须融合元数据研究的先进成果与档案学的深厚理论，形成一个综合性的策略体系。具体而言，这意味着需将元数据理论的精密性和档案学方法的严谨性相互渗透，以构建一套针对非物质文化遗产数字化信息管理的全面框架。此框架旨在系统性地指导非物质文化遗产数字化信息的收集、整合、鉴定、保管、编目以及检索等环节。通过上述框架，我们期望能够促进非物质文化遗产数字化信息由混沌无序向条理清晰的转变。这一过程不仅要求我们在技术层面实现信息的有效组织与利用，更需要在理念上强调减少人为干预的主观性，避免可能对其真实性与完整性造成的负面影响。

通过采纳上述这些指导性意见，我们可以实现非物质文化遗产信息的数字化应用，从而提高全国非物质文化遗产数字化保护的整体效果。这不仅有助于保护和传承我国丰富的非物质文化遗产，也为未来的研究和利用提供了坚实的基础。通过这样的努力，我们可以确保非物质文化遗产得到更好的保存和传播，让更多的人了解和欣赏这些宝贵的文化财富。

（二）平台化保护原则

在我国，非物质文化遗产的数字化保护工作已经取得了显著的进展，形成了一个集系统性、科学性和规范性于一身的保护体系。这一进展不仅体现在对非物质文化遗产的记录和保存上，也体现在对这些宝贵文化遗产的传承和推广上。然

而，尽管现有的保护体系已经初具规模，但在某些关键方面仍存在不足，特别是对于那些能够影响保护成果推广应用的数据体系、保存方式以及映射关系等方面，尚未给予足够的重视和开展深入的研究。

为了进一步提升非物质文化遗产数字化保护的效率和效果，我们需要在开放性、兼容性和普适性的基础上，建立和完善一系列标准化的保护措施。这包括但不限于制定统一的数字化保护标准、探索创新性的保护方式以及采用先进的保护技术。同时，我们还需要构建一个与这些标准和措施相适应的融合保护平台，这个平台不仅要能够支持非物质文化遗产的数字化保存，还要能够促进这些文化遗产的传播和利用。

通过这样的努力，我们可以确保非物质文化遗产数字化保护机制的各个组成部分能够顺利对接，并且有效运行。这样的保护机制将成为全国非物质文化遗产数字化保护工作的核心支撑，不仅能够更好地保存和传承这些文化遗产，还能够让更多的人了解和欣赏到这些无价的文化瑰宝。最终，这将有助于提升公众对非物质文化遗产价值的认识，增强民族文化自信，同时为世界文化多样性的发展作出中国贡献。

（三）集成化保护原则

中国经济和社会的迅猛发展，对于非物质文化遗产保护工作提出了更高的要求。在这一背景下，传统的保护理念和方法已经难以满足现代社会的需求，特别是在数字化浪潮的冲击下，非物质文化遗产的保护面临着前所未有的挑战。目前，学术界对于非物质文化遗产数字化保护的研究还相对较少，且多数研究局限于本专业领域，缺乏跨学科的深入探讨和实践应用。

为了应对这些挑战，我们需要采取更加开放和综合的研究视角，将档案学的成熟理论和方法引入非物质文化遗产的保护工作中。这不仅能够帮助我们更好地了解非物质文化遗产的内在价值，还能够为它的数字化保护提供坚实的理论基础。在此基础上，我们应当确立非物质文化遗产的文化符号系统、文化结构系统和文化价值系统，这些都是非物质文化遗产保护的核心要素。

同时，我们还需要关注全球数字化应用的最新发展趋势，积极引入和融合虚拟现实、大数据管理与分发等高新技术，以创新非物质文化遗产数字化保护的机制和方法。通过这些高新技术的应用，我们可以更加生动、全面地记录和展示非物质文化遗产，同时也能够提高保护工作的效率和效果。

此外，建立一套符合我国非物质文化遗产特性的集成技术标准和管理流程也是至关重要的。这不仅有助于规范和指导非物质文化遗产的数字化保护工作，还能够为未来相关工作的开展提供标准化的参考和依据。通过这些措施，我们能够更好地保护和传承我国丰富的非物质文化遗产，使其在数字化时代焕发出新的活力和魅力。

（四）社会化保护原则

随着社会公众对精神文化生活需求的不断提升，传统的非物质文化遗产保护手段已经显得力不从心，无法完全满足日益增长的社会需求。因此，我们必须创新性地运用现代科技手段，对非物质文化遗产进行数字化保护，并且加强其生产性保护，以充分彰显其在现代社会中的社会价值和经济价值。这已经成为我们当前亟待解决的重要任务。

为了实现这一目标，我们需要根据文物、民俗等不同类型的非物质文化遗产的具体特点和实际情况，采取有针对性的保护措施。同时，考虑到非物质文化遗产正朝着多样化和个性化的方向发展，我们应当构建一个能够满足社会需求的非物质文化遗产数字化保护机制，并通过集成示范项目来推动这一机制的实施。

此外，我们还应该支持文化馆、图书馆、博物馆等文化机构，让社会公众能够更加便捷地接触到非物质文化遗产的数字化保护成果。通过这些平台，公众不仅能够了解和学习非物质文化遗产的相关知识，还能够体验到非物质文化遗产的独特魅力，从而增强并提高公众对非物质文化遗产保护的参与度。

总之，通过上述措施，我们不仅能够保护和传承非物质文化遗产，还能够促进其在现代社会中的创新和发展，使其成为推动社会进步和经济发展的重要力量。

二、非物质文化遗产数字化保护机制模型的构建

从文化遗产学的宏观视角来看，非物质文化遗产的数字化保护不仅是文化传承的需要，更应当提升至文化科技发展与国家顶层设计的战略层面。为此，应以技术创新、管理创新、制度创新与体制创新为基石，引入并应用成熟的创新集群理论，促进非物质文化遗产数字化保护机制、保障机制与数字化保护平台的深度融合。这一过程旨在构建一个系统化、模型化的非物质文化遗产数字化保护框架，为非物质文化遗产的传承与发展提供坚实支撑。

（一）技术创新是实现基础

"非物质文化遗产涵盖文学、美术、音乐、戏剧以及民间艺术等各个领域，海量的纸质文献和音频资料不易储存，还可能在时间流逝中面临缺损和消失的困境。"[①] 在非物质文化遗产数字化保护的背景下，技术创新扮演着至关重要的角色。这一过程涉及将科学研究中使用的先进科学技术，以及在生产活动中积累的知识、经验和技能，根据非物质文化遗产数字化保护的具体需求进行引入、组合和更新。这种技术创新不仅要求我们深入理解非物质文化遗产的本质属性，还要考虑其所属的类型和文化空间，从而构建一个以保护为核心、以实际需求为导向、以促进非物质文化遗产的传承与发展为目标的开放性技术创新平台。

在这个平台上，非物质文化遗产的数字化保护技术和创新应用将并驾齐驱，共同推进。通过这种创新，我们旨在在尽可能不改变非物质文化遗产原生环境的前提下，确保这些文化遗产能够在不受外界干扰的环境中得到传承和发展。这不仅需要对现有技术进行创新性的应用，还需要开发新的技术手段，以适应非物质文化遗产保护的特殊需求。

例如，我们可以利用虚拟现实（VR）和增强现实（AR）技术，为非物质文化遗产的展示和体验提供全新的视角和互动方式，让公众能够更加直观地感受和了解这些文化遗产的价值。同时，通过大数据分析和人工智能技术，我们可以对非物质文化遗产的保护效果进行评估和预测，从而为保护工作提供科学依据。

此外，我们还可以通过建立数字化档案和数据库，对非物质文化遗产进行系统性的记录和保存，确保这些宝贵的文化资源不会随着时间的流逝而消失。通过这些技术创新，我们不仅能够更好地保护和传承非物质文化遗产，还能够促进其在现代社会中的活化利用，使其成为连接过去与未来的桥梁。

总之，非物质文化遗产数字化保护下的技术创新是一个多维度、跨学科的复杂过程，它要求我们既要尊重和保护文化遗产的原生态，又要积极探索和应用新技术，以实现非物质文化遗产的可持续传承和发展。通过这种创新，我们有望在经济全球化的浪潮中，为非物质文化遗产的保护和传承开辟出一条新的道路。

（二）管理创新是推进手段

在非物质文化遗产数字化保护机制的宏大背景下，管理创新的重要性不言而

① 曾奇琦:《浙江戏曲艺术资源的数字化保护和开发》，浙江大学出版社 2019 年版，第 35 页。

喻。它不仅是一种策略，更是一种智慧和能力的体现。在实施管理创新的过程中，计划、组织、领导等核心管理职能得到了充分的发挥。通过创新性的管理技术和方法，管理者对非物质文化遗产数字化保护机制中的各种资源进行了精准的调配和整合，其终极目标在于推动文化与科技的深度融合。

这种创新性的融合不仅能够将文化知识内化为创造性思想，而且还能够将其转化为具体的非物质文化遗产档案保护技术、保护方法和保护流程。通过这种方式，非物质文化遗产的数字化保护机制能够更加有效地实现其社会价值和经济价值，从而确保这些宝贵的文化遗产得到妥善保存和传承。

此外，管理创新还涉及对非物质文化遗产数字化保护机制的持续评估和优化，确保保护措施与当前的技术发展和社会需求保持同步。这包括采用最新的信息技术，如云计算、大数据分析和人工智能，来提高保护工作的效率和效果。同时，可以建立跨学科的合作平台，促进不同领域专家之间的交流与合作，共同探索非物质文化遗产保护的新方法和新途径。

最终，管理创新的目标是构建一个动态的、可持续的非物质文化遗产数字化保护体系，不仅有利于适应不断变化的环境，还能够激发社会各界对非物质文化遗产保护工作的兴趣，形成全社会共同参与保护工作的良好氛围。通过这样的努力，我们可以确保非物质文化遗产不仅在当代社会受到尊重和保护，而且在未来也能继续传承和发展。

（三）制度创新是实践保障

关于非物质文化遗产的数字化保护机制，其制度创新在当代文化科技融合的背景下显得尤为重要。这一创新不仅是规则的变革，更是支配创新行为与融合关系的核心要素。它不仅涉及对非物质文化遗产数字化保护环境的优化，更包括对自主创新综合服务体系的强化和改进。这种创新要求我们构建一个优质的研究环境，这不仅包括对已有政策的推进，还需不断制定和完善促进融合创新的政策措施。这样的制度变革旨在激发人们的创新热情，鼓励新技术的研发、新资源的配置，以此保障非物质文化遗产数字化保护工作的均衡发展。

（四）体制创新是根本支撑

体制创新是文化与科技深度融合的必然结果，它不仅关系到非物质文化遗产在文化领域内的整合过程和保护成果，更是解决深层次问题、化解现实矛盾的关键所在。因此，体制创新需要以提升国家非物质文化遗产数字化保护能力为出发点，有效整合社会各界的力量和资源。在持续推动非物质文化遗产数字化保护的过程中，我们必须激发非物质文化遗产创新主体的活力，构建一个良好的政策体系、激励机制和环境氛围。这样的环境应当是鼓励创新的，能够为我国的创新型国家建设提供强有力的支撑。这不仅是对非物质文化遗产的最好保护，也是我国加快创新型国家建设的重要举措。

第二节　非物质文化遗产数字化保护机制实现的路径

非物质文化遗产数字化保护机制的驱动力源于以文化行政管理部门为主管、以科技管理部门为主导、以高新技术企业为主体的管理驱动体系，它将非物质文化遗产数字化保护中的行政管理、科技研发、市场需求与社会传承结合在一起，形成一个互生互动的有机整体，进而有效推动我国非物质文化遗产数字化保护事业向纵深发展。

一、以文化行政管理部门为主管

（一）文化行政管理部门主管的内涵界定

关于文化行政管理部门主管的界定及其在非物质文化遗产数字化保护工作中的作用，需明确指出，此项工作必须在文化行政管理部门的严格管辖与督导下进行。文化行政管理部门凭借其高超的行政能力，致力于推动非物质文化遗产数字化保护事业在政治、经济、文化等多个层面的发展与进步。在文化行政管理的广袤领域中，其主管内容的核心维度主要聚焦于“行政强度”和“行政能力”两大方面。其中，“行政强度”这一概念深刻揭示了文化行政管理部门的权力配置密集程度及其组织架构的坚实性。它不仅仅体现在行政决策及其执行的逻辑严谨性上，更反映在行政主体在面对复杂情境时所展现出的自主决策能力的强弱之中。而“行政能力”则更多地着眼于文化行政管理体系与社会机能及需求的深度融合。它构建了一套全面而精细的管理框架，这一框架通过灵活运用经济激励、文化引导、习惯养成以及规范制定等多维度手段，实现对社会运作的精准调控与有序管理。这种能力，是文化行政管理部门在复杂多变的社会环境中，基于对社会的深层次理解与预判，所展现出的一种综合调控与治理机制的高度凝结。在社会责任与管理职能的双重作用下，文化行政管理部门在非物质文化遗产的全面管理中发挥着举足轻重的作用。其致力于实现非物质文化遗产的社会公共价值，为数字化保护工作创造适宜的环境和条件。在确保非物质文化遗产数字化保护工作顺利进行的同时，文化行政管理部门也在积极构建和维护一个有利于非物质文化遗产保护和传承的生态环境。

文化行政管理部门的主管方式主要体现在对非物质文化遗产数字化保护环境的治理上。一方面，其采用柔性间接的管理方式，即通过引导社会公众的非物质文化遗产数字化保护需求，以及利用各种行政和经济手段，间接地推动保护工作朝预期的方向发展。另一方面，其也采取强制直接的管理方式，即依据自身的权力归属和职责划分，直接制定文化行政政策，动员社会力量，以实现非物质文化遗产管理的整体目标。从施政理念的角度来看，文化行政管理部门始终坚持以人为本，以服务为宗旨，以法治为保障，通过科学、规范、高效的管理手段，推动非物质文化遗产数字化保护工作的持续、健康发展。实施非物质文化遗产数字化保护的长效政策，是文化行政管理部门必须采取的直接且有效的措施。这一举措不仅有助于推动我国非物质文化遗产保护工作的深入开展，也是拓展其数字化保护事业发展空间的重要途径。

（二）文化行政管理部门主管的核心要素

从需求角度考虑，文化行政管理部门必须依据非物质文化遗产数字化保护的具体要求，来设定和调整文化行政管理工作的标准与方向。这是因为非物质文化遗产的数字化保护涉及众多复杂的因素，需要专业的行政管理和技术支持，以确保这一工作有效推进。再从语境角度分析，文化行政管理部门是国家对非物质文化遗产进行管理和支配的重要机构。它以实现特定的社会目标为使命，扮演着不可或缺的角色。这种角色绝不是一般的民间力量可替代的，具有极强的专业性和权威性。因此，为了更好地发展我国非物质文化遗产的数字化保护事业，我们必须认识到文化行政管理部门的政治角色和行政地位的重要性。改革文化行政管理部门的职能，需要以这一基础为出发点，充分发挥其在非物质文化遗产数字化保护事业中的绝对性支配和促进作用。文化行政管理部门主管的核心要素可以从意识形态、资源和能力建设三个方面来表述。

从意识形态的视角分析，强化意识形态管理构成了文化行政管理部门工作的核心要务，同时也是推动文化与科技深度融合及做好非物质文化遗产保护工作的根本基础。

从资源层面看，在文化行政管理部门的管理过程中，需要在文化与科技融合的背景下对非物质文化遗产数字化保护机制的各项要素进行提炼和整合。

从能力建设的维度考量，文化行政管理部门依托其行政权威，借助行政管理手段、政策引导及机构组织架构等方式，将非物质文化遗产保护的理念深度融合于保护实践之中，以期达成全国范围内非物质文化遗产保护工作的整体性目标。

（三）文化行政管理部门主管的具体措施

自改革开放以来，我国在经济与文化领域取得了显著的进步与成就。然而，对于非物质文化遗产的数字化保护机制而言，其改革的步伐尚显迟缓。文化行政管理部门需进行具有针对性的改革，以推动我国非物质文化遗产数字化保护事业的持续发展和创新。

1. 转变政府职能

当前，我国非物质文化遗产在数字化保护方面存在与行政部门的实际操作相脱节的现象，这不利于全国范围内的统一管理。因此，改革势在必行，以推动非物质文化遗产数字化保护与文化产业的深度融合。针对此现状，我们认为全国各级人大的作用不可忽视，应当积极响应非物质文化遗产数字化保护的现实需求，迅速构建一套完备的法律法规体系。这套法律体系既要保障非物质文化遗产传承人的权益，也要确保各类非物质文化遗产数字化保护主体的利益得到充分保障。同时，深化非物质文化遗产数字化保护策略与路径的探索，调整当前文化产业领域内非物质文化遗产保护的自发性与无序状态。进一步而言，非物质文化遗产的数字化保护管理成效，已成为衡量政府文化治理能力的一项重要标尺。为此，必须深化政府职能转变，构建一个以服务为导向的政府治理体系。这一转型要求我们严格划分政务与业务、政府与企业的界限，并依据现代市场经济规律和政府治理理论，对各参与主体的行为进行规范化引导。

2. 强化权力配置

在当今不断演变的市场经济环境下，遵循市场规律，追求长远的社会与经济效益，是实现资源可持续配置的关键。面对复杂多变的社会环境，文化行政管理部门所掌握的信息资源总是有限的。若单纯依赖权力去替代市场的自然调节，往往容易陷入以主观意志代替客观市场需求的误区，这无疑会导致社会资源的低效分配和浪费。因此，我们必须认识到，市场在资源配置中起着决定性作用，应让市场成为推动非物质文化遗产数字化保护与发展的核心动力。为了实现这一目标，应依据市场机制来合理配置资源，根据投资对象的综合实力和运营能力，引导非物质文化遗产相关利益主体进行转型。

3. 理顺政企关系

现阶段，伴随中央对政企关系理顺的要求和文化市场综合行政执法改革的推进，各级文化行政管理部门面临着重要的整合与革新任务。这包括对所属的文化部门、广电部门和新闻部门进行一体化整合，对各项工作内容进行细致梳理与优化，对工作流程进行再造以提升效率，以及对各部门的职责进行明确认定。通过这一系列的整合与改革，我们能够更好地加快政企分开、政事分开的改革进程，使文化行政管理部门能够更加专注于其核心职能的履行。

二、以科技管理部门为主导

（一）科技管理部门主导的内涵界定

在人类历史的长河中，社会生产力的发展主要归因于两大核心驱动力：一是人类生产需求的持续扩张，二是科学技术的不断进步。对科技管理部门过往业绩及其职责范畴进行系统梳理，可以明确科技管理部门的主导作用体现在其能够整合经济、法律及行政等多种手段，形成一套系统性的方法体系，以不断强化自身的主导职能。在此基础上，科技管理部门致力于激发非物质文化遗产领域的科技创新活力，构建有利于非物质文化遗产研究的外部环境，从而有效激发社会各界的科技创新热情，全面提升我国在非物质文化遗产数字化保护领域的科技创新能力。

（二）科技管理部门主导的必然原因

科技管理部门的主导作用对文化与科技融合背景下的非物质文化遗产数字化保护机制的发展有着重要影响，主要体现在以下几个方面。

1. 公共产品性

从公共经济学的理论视角出发，公共产品被界定为一种具备特殊性质的商品，其特点在于其效用能够无成本地惠及更广泛的社会成员，且难以有效阻止他人共享。这一范畴广泛涵盖了公共设施、科学教育、环境保护、国防安全及外交事务等多个领域。尤为重要的是，公共产品展现出非排他性的受益特征，即一旦产品被生产出来，生产者无法单方面控制其最终的使用权和分配方式。这一特性往往导致公共产品的生产成本不断累积上升，进而降低了个人或少数群体主动承担公共产品供给责任的意愿。对于非物质文化遗产数字化保护而言，其科技创新在某种程度上与公共产品的特性相契合。由于非物质文化遗产数字化保护的科技创新在研发、调试及实验等阶段往往需要巨大的资金投入，若这些投入无法得到充分的回报，潜在的非物质文化遗产创新主体可能会选择通过技术引进的方式，而非自主创新，来对现有的非物质文化遗产数字化保护科技进行升级。当所有的非物质文化遗产创新主体都采取这种策略时，便可能导致非物质文化遗产数字化保护科技创新的停滞不前，甚至出现失灵的情况。

2. 外部性

外部性是指企业或个人在进行非物质文化遗产数字化保护科技研发活动时，对未直接参与该过程的主体所产生的成本负担或利益赋予。从经济学维度深入剖析，此类外部效应既不是现代市场机制所催生的，亦不是市场机制所能轻易调控或消解的。在实际运作中，往往需借助行政管理的力量来对其进行必要的纠正与补偿。随着文化与科技的深度交融，非物质文化遗产数字化保护科技创新所展现的外部效应，主要呈现为溢出效应这一形态。具体而言，非物质文化遗产的创新主体在进行研发活动时，其初衷旨在取得科技创新成果，并力图将这些成果转化为现实的生产力。然而，由于科技创新成果本身蕴含着一定的公共产品属性，这致使非物质文化遗产创新主体无法完全独占这些成果。因此，科技创新的溢出效应便应运而生。从正向层面来看，非物质文化遗产数字化保护科技创新的外部效应，能为整个社会带来更为显著的边际收益。这种溢出效应的存在，不仅有效地降低了非物质文化遗产研发、创造及革新的整体成本，还提升了非物质文化遗产数字化保护的水平，使得更为广泛的社会成员能够从中受益。然而，从另一维度审视，由于上述的科技创新溢出效应无法直接为非物质文化遗产数字化保护的主体带来显性的经济效益和社会效益，这可能会导致非物质文化遗产创新主体的动力随时间的推移而逐渐消退。此种情况若持续下去，将从根本上抑制非物质文化遗产创新主体的积极性与创造力，进而对整个社会的福祉与效率造成不利影响。因此，对于非物质文化遗产数字化保护的科技创新工作，除了重视其带来的正面效应外，还需关注如何通过有效的机制设计和管理措施，来维持非物质文化遗产创新主体的积极性，以实现社会的长期福利和效率的最大化。

3. 不确定性

非物质文化数字化保护遗产科技创新是一个涉及多重因素的复杂过程，其内在的不确定性因素众多，主要涵盖了技术、市场、收益及环境等方面。首先，技术层面的不确定性源于非物质文化遗产数字化保护技术开发的潜在失败风险，包括保护工艺的研发失利以及保护技术效果的不可预测性。这些因素共同作用，使得非物质文化遗产数字化保护科技创新的结果充满了不可预知性。其次，市场层面的不确定性主要表现在非物质文化遗产数字化保护技术创新的实践检验上。这一过程需要恰当地平衡成本、效果以及应用难度等多重因素。然而，由于非物质文化遗产创新主体对其创新内容的市场前景难以准确把握，这进一步加剧了市场的不确定性。再次，收益的不确定性受到溢出效应的影响。非物质文化遗产创新主体往往无法掌控创新成果的全部收益和产权，对未来可能产生的情况也难以预测，这无疑增加了科技创新的复杂性和风险性。最后，环境的不确定性则与政府行为和公众偏好密切相关。由于非物质文化遗产数字化保护技术的应用环境受这两大因素影响极大，而这两者又具有极大的不确定性，因此，这会对非物质文化遗产数字化保护科技创新的速度和方向产生巨大的影响。

4. 干预限制性

我国政府在推动非物质文化遗产数字化保护科技创新的进程中，所展现的积极作用不容忽视。在优化科技创新环境、增强整体实力以及促进高新技术转化应用等方面，政府发挥着至关重要的角色。然而，在非物质文化遗产数字化保护科技创新的领域中，也存在着机制问题导致的政府失灵现象。政府失灵，指的是由于政府机制的扭曲，其执行的行为未能达到预期的社会公共目标，或者带来了高成本及低效率的问题，降低了市场组织的效率。在非物质文化遗产数字化保护的科技创新方面，政府失灵主要体现在两个方面。一方面，涉及对非物质文化遗产数字化保护科技创新的忽视及不作为现象。具体而言，此现象体现于科技管理相关政策的执行不力，未能充分响应并落实国家及政府层面的战略规划与指导原则。这一状况直接制约了非物质文化遗产数字化保护科技创新的进展，阻碍了研究目标的达成，进而对非物质文化遗产的保护与传承在科技层面的进步构成了阻碍。另一方面，政府失灵还体现为对非物质文化遗产数字化保护科技创新活动的过度介入。科技管理部门在此领域的过度干预，可能对非物质文化遗产创新主体的存续环境造成不利影响，这一现象通过“挤出效应”与“替代效应”得以显现。其中，“挤出效应”特指科技管理部门通过加大对公共性非物质文化遗产研究项目的资金投入，不经意间降低了人力资源等关键要素的边际贡献与社会效益，进而对个人驱动的非物质文化遗产数字化保护科技创新活动产生了排挤作用，减少了其发展机会。此效应揭示了政府干预不当可能对非物质文化遗产数字化保护科技创新生态造成的潜在负面影响，需引起人们的高度重视并寻求合理的政策调整与平衡。

（三）科技管理部门主导的具体作用

在当今中国非物质文化遗产数字化保护与发展的关键时期，我们深知科技创新的重要性。这不仅关乎基于文化与科技深度融合的数字化保护机制的构建，更对创新型国家战略目标的实现具有深远影响。在推动科技创新全面发展的道路上，建立一套行之有效的运行机制显得尤为迫切。这一机制应当在科技管理部门的引领下，有效引导各种非物质文化遗产数字化保护创新要素向其主体集中。这种方式，不仅能够激发非物质文化遗产创新主体的科技创新热情，还能加速非物质文化遗产数字化保护创新的进程。为了实现上述目标，科技管理部门需采取综合策略。一方面，要充分利用市场经济的力量，发挥其内在的驱动力和灵活性，为非物质文化遗产的数字化保护与创新提供源源不断的动力。另一方面，科技管理部门还需根据行政管理的原则和市场经济发展的方向，明确科技引导的方向和策略。这要求我们在面对非物质文化遗产数字化保护的需求时，既要看到市场经济的优势，又要克服其可能带来的问题和弊端。特别地，我们必须警惕完全市场化可能带来的问题。市场虽然具有强大的驱动力，但也可能导致资源分配不均、过度商业化等现象。同时，我们也要防止过度的行政管理可能带来的阻碍。过多的行政干预可能会限制创新的空间，阻碍非物质文化遗产的创新发展。因此，科技管理部门在主导这一进程中的职能定位，主要在于克服市场失灵和矫正政府失灵。

1. 克服市场失灵

针对我国非物质文化遗产数字化保护科技创新所遭遇的市场失灵问题，我们深入分析其根源，发现主要存在两大方面的原因。首先，传统计划经济体制的遗留影响是导致市场失灵的重要因素之一。在过去的计划经济体制下，市场机制在非物质文化遗产数字化保护科技资源配置中的角色被弱化，无法有效发挥其应有的作用。其次，市场本身存在的缺陷也是造成市场失灵的重要原因。由于非物质文化遗产数字化保护科技创新具有社会性和不确定性的特点，这使得市场在应对这些问题时显得力不从心。市场的逐利性使其难以独自承担社会公益性质的科技创新任务，同时也难以面对由不确定性带来的风险和挑战。为了防止市场失灵对我国经济社会发展的不利影响，我们必须优先确保市场机制对非物质文化遗产科技资源的合理配置。其中，克服市场失灵的具体举措如下。

（1）调和公共产品与私人产品之间的矛盾

科技管理部门的职责是引导和规划非物质文化遗产数字化保护的科技创新路径。对于公共产品领域的非物质文化遗产数字化保护科技创新，科技管理部门应当承担起主导责任，直接提供资金支持，以此确保社会对非物质文化遗产数字化保护科技创新的持续供给。这不仅是对文化遗产保护的一种投资，更是对保护文化多样性和促进社会发展的有力贡献。在公共产品与私人产品混合的领域，科技管理部门需进行细致的成果鉴别，通过科学的方法和严谨的评估，鉴别出混合产品中非物质文化遗产数字化保护科技创新的成分，并采取知识产权保护措施，以法律手段保全综合利益。这既是对知识产权的尊重，也是对文化遗产价值认可的体现。对于私人产品领域及其产生的私人价值，科技管理部门的工作重点在于构建一个公平竞争的环境。这包括制定并执行相关法律法规，维护市场秩序，确保各非物质文化遗产创新主体在公正、透明的环境下展开竞争。

（2）逐步缓解科技创新的不确定性与高风险

科技管理部门还需积极创造有利于非物质文化遗产数字化保护科技创新的条件和环境，为私人领域的创新活动提供必要的支持和帮助。科技管理部门在主导非物质文化遗产数字化保护科技创新时，需紧密结合国内外的发展态势。在充分分析国内外非物质文化遗产数字化保护科技创新的现状和趋势的基础上，对科技创新的方向进行总体把握。此外，为了缓解非物质文化遗产数字化保护科技创新的不确定性，降低风险，科技管理部门还应鼓励风险投资资金进入该领域，整合政府投资和民间投资，形成多元化的投资格局，从而引导和促进社会各方积极参与非物质文化遗产数字化保护科技创新。

2. 矫正政府失灵

在深入分析科技管理部门功能优化策略的过程中，我们可以聚焦于两大核心路径：一是依托市场机制以优化资源配置，二是构建全面且高效的国家创新体系。首先，从市场机制在资源配置中的核心作用出发，科技管理部门的职能调整与精进需紧密围绕市场导向展开。针对非物质文化遗产领域的科技创新调控，我们应积极倡导减少不必要的行政干预，转而强化经济调控手段的主导作用。具体而言，这涉及将政策意图巧妙地融入财政激励、货币调控等经济杠杆中，借由市场机制或利益导向机制，精准高效地达成政府的政策目标。此策略不仅能促使科技管理部门实现从“直接干预”模式向“间接调控”模式的平稳过渡，还能推动其在管理实践中从“干预行为”层面跃升至“干预质量”层面的深刻变革。其次，在科技管理部门自我革新与建设的进程中，引入竞争机制的重要性不容忽视。我们可探索性地将部分公共产品范畴内的非物质文化遗产数字化保护科技创新项目委托给社会企业或非公有制部门运作。此举意味着，科技管理部门将不再局限于作为公共产品的单一生产者角色，而是实现了华丽转身，成为公共产品供给的有效协调者与组织者。此角色的根本性转变，不仅能够显著提高科技管理部门的工作效率与服务质量，还能够在很大程度上减轻政府在非物质文化遗产数字化保护科技创新领域的总体财政负担，实现资源的高效配置与利用。

国家创新体系是一个由社会、国家或组织机构内部相互关联、共同作用，以创新为目的的网络体系。其核心推动力在于经济的持续发展和科技知识的不断积累。这一体系的构建，不仅有助于科技资源的合理配置与高效转化，更在促进非物质文化遗产数字化保护科技创新方面发挥着举足轻重的作用。首先，国家创新体系强调市场主体在非物质文化遗产数字化保护科技创新中的主体地位。这有助于克服科技管理部门的过度或错误干预，避免其对非物质文化遗产数字化保护科技创新活动产生干扰。在市场经济的大环境下，企业、研究机构等市场主体凭借其敏锐的市场洞察力和技术实力，能够更准确地把握非物质文化遗产数字化保护科技创新的方向和需求，从而推动其持续发展。其次，国家创新体系为科技管理部门干预非物质文化遗产数字化保护科技创新提供了一套系统的行为原则和分析框架。这有助于科技管理部门在尊重市场规律的基础上，科学、合理地发挥其指导和支持作用，为非物质文化遗产数字化保护科技创新活动创造良好的外部环境。最后，国家创新体系通过开展非物质文化遗产数字化保护科技创新活动，将政府、大学、研究机构和企业等非物质文化遗产创新主体紧密结合，形成了一个有机整体。在这个创新链中，各主体为追求共同的目标而相互作用、优势互补。

三、以高新技术企业为主体

（一）非物质文化遗产数字化保护机制的实施主体

在非物质文化遗产保护领域，数字化保护机制已成为不可或缺的一部分。此机制的实施与实践主体广泛，涵盖了政府、学生、专家、企业以及各类社会组织。他们均以非物质文化遗产的数字化保护为共同目标，各自承担着管理、保存等职责。首先，政府在这一机制中扮演着举足轻重的角色。它以行政管理为整体导向，为非物质文化遗产数字化保护提供政策支持和法律保障。同时，政府还负责协调各方资源，确保保护工作顺利进行。其次，企业及高新技术产业亦是机制中的重要实施主体。它们的主攻方向在于对非物质文化遗产数字化保护的各个环节进行深入分析和对比，特别关注那些易于攻坚且具有盈利潜力的部分。通过融合人力、财力、物力等生产要素，企业可以为非物质文化遗产数字化保护提供专业化的服务，满足各类需求。最后，学生和专家学者亦参与其中，从学术研究和教育传播的角度为非物质文化遗产的数字化保护贡献力量。学生可以通过学习和研究，深入了解非物质文化遗产的价值，而专家学者则借助他们的专业知识和研究经验，为保护工作提供理论支持和智力保障。

在当前的数字化时代，高新技术企业无疑是推动非物质文化遗产保护工作向前发展的重要力量。然而，由于非物质文化遗产数字化保护工作具有高度的创新性并伴随一定的市场风险，同时需要较大的投资力度，因此，在基础研究和公益性研究方面，文化行政管理部门需承担起牵头作用，进行科学合理的安排和调控。尽管高新技术企业具备较强的技术能力和研发实力，但由于利润回报和人力资源等方面的限制，它们还不能完全承担起文化与科技融合下的非物质文化遗产数字化保护的主体责任。现阶段，政府、高等院校以及科研机构依然是该领域的主要实施主体。

（二）以高新技术企业为主体是体制改革的必然结果

从非物质文化遗产数字化保护的实施特征来看，这一保护举措不仅是一种创新行为，更是一种融合了文化与科技的社会行为。其核心驱动力源于非物质文化遗产的数字化保护需求，旨在实现经济效益与社会效益的双赢。而技术成功转化，无疑是这一保护工作取得显著成效的重要标志。现阶段，我国在非物质文化遗产数字化保护方面的研究和实施工作，主要依赖于科研院所和大专院校的积极参与。这些机构在政府的管理和指导下，承担着重要的角色。然而，这种模式未能有效激发企事业单位对非物质文化遗产数字化保护的积极性。因此，企业的非物质文化遗产保护活动以及科技应用大多是在政府行政指令下被动进行的。这种由体制性因素引发的主体定位偏差，直接导致了我国非物质文化遗产数字化保护实践与理论研究之间的显著断层。具体而言，尽管数字化保护领域取得了诸多研究成果，但这些成果的有效转化率相对较低，其内在价值未能得到充分发掘与最大化利用。在当前全面深化行政体制改革的宏观背景下，中央政府提出的文化与科技深度融合战略，为解决上述难题提供了崭新的思路与有效路径。

该战略对非物质文化遗产数字化保护的实施主体提出了新的要求。首先，针对非物质文化遗产数字化保护的需求，实施主体需展现出高度的敏感性，能够遵循市场导向原则，精准定位融合发展的方向，并通过市场化运作实现经济效益与社会效益的双赢，从而确保相关工作的稳健推进与持续发展。其次，构建涵盖研发、生产、销售及服务的全链条能力体系，对于实施主体而言至关重要。这不仅有助于非物质文化遗产数字化保护成果的高效转化，更是保障其长期稳定运行的关键所在。打通产业链上下游，实现资源的优化配置与高效整合，可进一步激发非物质文化遗产的生机与活力。最后，资金实力与金融运作能力同样不可或缺。实施主体需在确保自给自足的基础上，减少对国家财政的依赖，通过多元化融资渠道保障对非物质文化遗产数字化保护及文化与科技融合项目的持续投入。同时，实施主体还需具备足够的风险管理能力，以应对融合过程中可能出现的各种挑战与不确定性。在此过程中，高新技术企业是市场机制的天然参与者与推动者，其在非物质文化遗产数字化保护领域中的作用尤为突出。凭借其在技术创新、市场拓展及资本运营等方面的独特优势，高新技术企业不仅能够为非物质文化遗产的数字化保护提供强有力的技术支持与资金保障，更能在推动文化与科技深度融合的进程中发挥引领作用，为我国非物质文化遗产的传承与发展贡献重要力量。

（三）以高新技术企业为主体是市场竞争的迫切要求

在当代全球经济一体化的宏观背景下，国际竞争的焦点已从昔日的政治对峙转变为经济实力的较量。这一转变的核心驱动力，根植于市场经济的蓬勃发展与科学技术的日新月异。鉴于此，积极促进社会主义市场经济的繁荣发展，加速体制机制的优化完善，推动经济发展模式的转型升级，以及矢志不渝地推进科技进步，构成了促进文化与科技深度融合、协同发展的坚实基石。

在高新技术企业作为市场经济主体的角色定位中，创新与社会需求的良性互动关系得以鲜明展现。创新不仅精准对接并满足了市场的多元化、差异化需求，更成为驱动市场持续繁荣与升级的关键力量。然而，审视我国高新技术企业在非物质文化遗产数字化保护产品领域的表现，不难发现，其在科技创新能力、技术水平及国际竞争力方面，相较于国际一流企业仍存在一定的差距。存在这一差距的深层次原因在于我国高新技术企业的创新能力尚未充分释放，与文化产业的融合深度与广度有待进一步提升。这种融合不足的现状，导致企业在生产方式上难以有效突破人口红利消退、资源环境约束加剧等瓶颈问题，进而在产品层面难以形成强大的国际竞争力，难以在全球市场中占据优势地位并赢得主动权。要解决这一问题，我们必须充分确立高新技术企业在非物质文化遗产数字化保护中的主体地位。这不仅仅是赋予其市场经济的主体地位，更要充分发挥我国高新技术企业的本土优势。通过走文化与科技融合的道路，我们可以将传统文化与现代科技相结合，创造出具有国际竞争力的非物质文化遗产数字化保护产品。这样不仅可以提升我国高新技术企业的竞争力，更能够在非物质文化遗产保护领域获得竞争的主动权。

（四）以高新技术企业为主体是企业发展的现实选择

针对高新技术企业的整体发展而言，非物质文化遗产数字化保护的需求日益凸显。随着市场竞争的日益激烈以及项目运营收益的不断提升，企业对科技创新的驱动力也在不断增强。企业若想在激烈的市场竞争中保持领先地位，必须具备非物质文化遗产数字化保护的能力以及先进的研发技术。这不仅是企业持续发展的必要条件，更是确保其在市场环境中立于不败之地的关键因素。因此，我们必须明确高新技术企业在文化与科技融合的数字化保护机制中扮演的主体角色。这一主体地位的确立，不仅是对企业科技创新能力的认可，更是对非物质文化遗产保护工作的有力支持。

第三节 非物质文化遗产管理制度的创新

一、非物质文化遗产管理制度创新的界定

非物质文化遗产数字化保护机制的实现需要依靠政府管理部门，即文化行政管理部门的全程管理。在当今这个文化与科技深度融合的时代背景下，我们可以看到，随着信息技术的飞速发展，文化的传播方式、创作手段以及人们的消费习惯都在经历着前所未有的变革。一方面，数字化、网络化的技术手段为文化的保

存、传承和创新提供了新的平台和工具，使得各种文化形态能够跨越时空的限制，被更广泛地传播和接受。另一方面，科技的进步也促进了文化产业的转型升级，使得文化产品和服务更加多样化，满足了人民日益增长的精神文化需求。在这一时代背景下，非物质文化遗产管理制度的创新，本质上是文化行政管理部门在管理实践中寻求新方法和新思路的过程。作为政府的一部分，这些部门的创新努力体现了政府在文化管理领域的制度创新。尽管目前学术界尚未对文化行政管理部门的管理制度创新给出明确定义，但已有对政府管理制度创新的一系列前沿讨论。这些探讨为理解文化行政管理部门如何通过创新来提升非物质文化遗产的保护和管理提供了理论基础。

非物质文化遗产管理制度创新，在文化与科技融合的背景下，指的是文化行政管理部门在非物质文化遗产数字化保护过程中对管理理念、行业模式和产业方式进行的创新性改革。这种创新要求文化行政管理部门更新管理理念，利用现代信息技术改变传统管理模式，并通过数字化手段创新管理方式，以提高非物质文化遗产的保护效率和传承活力。

二、非物质文化遗产管理制度创新的原则

（一）规范性原则

在政府治理领域，创造性和规范性相辅相成，共同构成了适应社会变迁和政府职能转变的关键。文化行政管理部门在非物质文化遗产管理中的制度创新，正是基于这种框架，将规范化管理与创造性相结合。这种结合不仅为文化行政管理部门提供了一个整合问题的平台，还形成了一套标准化的流程和解决方案，确保非物质文化遗产管理的全过程受到有效监控。通过规范管理，文化行政管理部门能够确保非物质文化遗产的数字化保护工作遵循既定的标准和程序，从而提高管理效率和保护效果。

（二）系统性原则

非物质文化遗产的数字化保护机制要求我们建立一套系统性的规则体系，包括决策、监督和人员管理制度等方面。面对我国非物质文化遗产的多样性及其地域分布的广泛性以及经济发展的不均衡性，文化行政管理部门必须超越单一的管理模式，采取更加灵活和差异化的保护策略。文化行政管理部门作为一个复杂的

系统，其内部的非物质文化遗产管理制度创新需要全面考虑各种因素，进行精准评估，并制定符合当地实际的保护措施。这样的创新必须基于对全国非物质文化遗产数字化保护现状的深入了解，避免因决策的盲目性带来不利影响。

（三）有效性原则

在非物质文化遗产数字化保护工作中，文化行政管理部门的管理效能取决于其权力的合法性、职能的全面性、决策的科学性、行为的规范性以及参与主体的多样性。这些关键要素共同塑造了文化行政管理部门的执行力和保护效果。为了提高保护工作的有效性，文化行政管理部门必须精准衡量投入与产出，深入挖掘文化遗产的价值，细致分析保护需求，并持续跟踪保护成果，构建跨领域合作的保护机制。通过这些措施，文化行政管理部门能够更有效地管理和保护我国的非物质文化遗产，确保其在数字化时代的传承与发展。

（四）先进性原则

在经济全球化的背景下，文化行政管理部门必须采取开放的态度，积极引入多领域、多层面的社会力量参与非物质文化遗产的保护工作。这包括学习国际上在非遗数字化保护方面的先进做法，并结合国内实际情况进行适应性改进。这种包容性的国际合作和本土实践，可以确保中国的非物质文化遗产在全球文化环境的变迁中得到有效的保护。

在非物质文化遗产管理制度的创新征途上，文化行政管理部门必须秉承先进性原则，深入研究全球范围内非物质文化遗产数字化保护的前沿知识和实践经验。这样的策略不仅可以显著降低探索和实施过程中的试错成本，而且能够规避无效或低效管理可能带来的损失，从而大幅度提升管理的质量和效率。

三、非物质文化遗产管理制度创新的目标

（一）推行法治化管理

遵循《中华人民共和国非物质文化遗产法》的规定，我国对文化行政管理部门的职能、操作流程和权限进行了严格规范，旨在确立管理活动的合法性和规范性。推行法治化管理的基本目标：在宪法和相关法律的指引下，针对非物质文化遗产数字化保护的实际需求，实施标准化的行政管理流程；建立和优化一套完整

的非物质文化遗产保护法规体系，确保不同级别法规之间的一致性和协调性；确保文化行政管理部门的所有行政指令和管理措施严格遵循非物质文化遗产保护的相关法律法规；确保所有相关组织、机构、团体和个人都能够依据法律法规和部门规章，合法行使对非物质文化遗产数字化保护的管理职责。这些措施旨在强化文化行政管理部门的法治建设，提升管理的规范性和实效性，保障非物质文化遗产得到有效的保护和传承，并为这一领域的工作提供坚实的法律基础。

（二）建设服务型政府

服务型政府是现代政治体系中与市场经济和社会需求相契合的基本形态，其核心目标在于为社会和公众提供服务。在此框架下，文化行政管理部门可以将非物质文化遗产的数字化保护工作作为其向服务型政府转型的先锋领域。通过这一创造性实践，该部门能够积累转型经验，并逐步将这些经验扩展至整个管理体系，实现部门的全面升级和转型。

在转型为服务型政府的过程中，文化行政管理部门明确了其基本目标：致力于成为公共文化服务的提供者，特别是在非物质文化遗产的数字化保护领域，其职责是补充市场机制在非物质文化遗产保护方面的不足。该部门的工作将基于广泛的社会需求和公众不断增长的文化生活需求，而非仅仅迎合特定利益集团的意愿。其绩效将直接由非物质文化遗产数字化保护方面的成果来衡量，这为部门的工作提供了明确的评估和反馈机制，确保其工作成果能够满足社会期望并得到公众认可。通过这种方式，文化行政管理部门能够更有效地顺应社会需求，提升政府服务的质量和效率。

（三）实施民主集中管理

民主集中制要求文化行政管理部门在非物质文化遗产保护中实现民主参与和集中决策。通过制度设计，该部门应确保公众平等参与并保证工作透明度，以此提升政策的合法性和有效性，有效保护和传承文化遗产。

文化行政管理部门实施民主集中管理的基本目标是确保社会公众能够参与非物质文化遗产数字化保护的民主决策，提供规范化和制度化的参与途径，以及依法公开除保密活动外的所有行政活动和政务信息，从而构建一个开放、透明的管理环境，让公众真正参与文化遗产保护，共同推动非物质文化遗产的传承和发展。

（四）实现社会多方合作

我国行政体制改革正着力于缩减政府的直接管辖范围、放宽行政审批权限，并构建一个更加专业化的政府体系。这一改革方向强调政府与社会的合作，意味着政府将改变传统的集中式管理方式，转而通过政治协商和多方共治的方式，将部分社会管理职能下放给社会组织和民间团体。这样的转变旨在实现政府职能的优化和行政效率的提升，同时促进社会公共事务管理的民主化和多元化。

文化行政管理部门在推动社会多方合作时，致力于确保合作对象的平等性，与各类社团组织、公益组织等非政府组织以及不同政党和机构建立合作关系。合作方式多元化，不仅包括国内外组织的横向联合，也包括国内各部门间的纵向合作。合作目的旨在稳固发展，强调合作的长期性、规范性和广泛性，以实现非物质文化遗产保护和传承工作的持续进步。通过这种合作模式，文化行政管理部门能够整合社会各界的力量和资源，共同促进非物质文化遗产的有效管理和利用。

四、非物质文化遗产管理制度创新的实施举措

（一）依法管理

1. 明确行政管理主体

文化行政管理部门在承担非物质文化遗产数字化保护的行政管理职责时，发挥着制定和执行相关法律法规的关键作用。鉴于其职责的重要性，该部门要强化规范性建设，并严格依法行政。2003 年通过的《中华人民共和国行政许可法》明确了行政管理部门依法行政的要求，紧接着国务院发布的通知进一步强调了依法行政的重要性。在非物质文化遗产的管理实践中，文化行政管理部门必须依照法律法规行事，摒弃仅凭经验、感觉或惯例的管理方式。部门需根据职责和法律规定，梳理管理层次和责权关系，确保管理工作严格依法进行。此外，还需对各级文化行政管理机构的合法性和有效性进行审查、评估，并定期向公众公开相关信息，提高管理工作的透明度和公众监督力度。通过这些措施，文化行政管理部门能够更有效地履行职责，确保非物质文化遗产得到科学、规范的保护，同时提升部门的法治化、规范化管理水平。

2. 合理分解管理职权

鉴于我国非物质文化遗产的复杂性和分布的广泛性，文化行政管理部门需依据行政管理的能级原则，对非物质文化遗产的管理工作进行系统化分解和层级化

推进。这一策略对于确保全国范围内非物质文化遗产的有效管理至关重要。在文化与科技融合的背景下，对我国文化行政管理部门执法权的分解需注意以下几个方面。首先，确立清晰的管理界限对于文化行政管理部门依法行政至关重要。为了避免管理上的模糊和随意性，必须遵循现代社会中“权力法定”的原则。基于我国非物质文化遗产数字化保护的实际需求，应逐一明确列出文化行政管理部门的权力清单，明确界定管理权限和责任范围。这一做法不仅能够提升文化行政管理部门对自身职责的认识，还能增强被管理者的监督意识，从而更有效地推进我国非物质文化遗产的数字化保护工作。其次，在非物质文化遗产的数字化保护领域，文化行政管理部门的任务是优化管理跨度、精简行政层级，以提升监管效率和工作指导的实际效果。这意味着必须在确保管理幅度的合理性和部门间的协调性的基础上，消除职责重叠和管理混乱。强化直线职能制组织结构的优势，促进跨部门合作和职能整合，充分发挥管理组织的整体效能。同时，依据相关法律法规，对现有的不合理行政关系和隶属关系进行必要的改革，通过制度创新实现科学管理，确保非物质文化遗产保护工作能够高效、有序地推进。

3. 规范行政管理行为

首先，为防止行政不作为，文化行政管理部门需区分具体行政不作为与抽象行政不作为两种情形。具体行政不作为涉及部门在被授权后，未能执行具体的管理职责，例如在非物质文化遗产的行政管理中未履行其行政义务。而抽象行政不作为则指文化行政管理部门在制定和执行非物质文化遗产管理政策时，未能制定普遍适用且确定的规则，导致未能履行其行政职责。这两种不作为都可能导致非物质文化遗产保护工作受阻，因此文化行政管理部门需采取措施确保有效履行其行政职责，以保障非物质文化遗产得到妥善管理和保护。其次，在非物质文化遗产数字化保护工作中，鉴于各地保护环境、基础和社会经济条件的差异，文化行政管理部门需规范其裁量行为，实施量体裁衣式的管理。这要求管理部门在整体规划非物质文化遗产保护工作的同时，对可能出现的问题制定原则性规定，确保裁量行为有章可循。同时，各级文化行政管理部门应根据实际情况建立和完善自由裁量基准管理制度，细化指导标准，使裁量行为更加规范、透明，并能因地制宜地适应非物质文化遗产数字化保护的时代要求。这样的规范管理，可以提高保护工作的灵活性和有效性，确保非物质文化遗产得到科学、合理的保护。最后，在非物质文化遗产的数字化保护领域，文化行政管理部门必须严格遵循法定程序，这是确保其行政行为的合法性和有效性的关键。法定程序包括行政执法过程中必须遵守的步骤和方式，是衡量行政行为合法性的一个核心指标。文化行政管理部门在执行非物质文化遗产保护任务时，必须遵循既定的法律框架和程序，确保每一项措施都合法合规，从而保障数字化保护工作的质量和效果。

（二）民主管理

1. 完善民主决策

非物质文化遗产数字化保护的民主决策是指为了规范非物质文化遗产数字化保护的决策行为而规定的程序、规则和方式。为此，文化行政主管部门可从如下几个方面着手，推动民主决策工作的开展。

第一，面对非物质文化遗产数字化保护工作的进展，文化行政管理部门需重视公众参与，扩大听证制度的应用范围，以促进政策制定的民主化和透明化。通过听证会，公众可以直接参与到保护政策的讨论中，为政策提供宝贵的反馈和建议。这不仅有助于增强了政策的有效性，还有助于提升公众对非物质文化遗产保护重要性的认识，从而激发更广泛的社会支持和参与。文化行政管理部门通过完善听证制度，能够确保非物质文化遗产保护工作更加贴近民众需求，提高政策的科学性和实施效果。第二，在非物质文化遗产保护领域，构建社会参与制度是实现其社会化保护的核心。这一制度不仅促进了公众的广泛参与，还确保了政策的连续性和稳定性，使社会公众成为非物质文化遗产保护的积极参与者和守护者。通过确立参与规则和方法，文化行政管理部门能够确保决策过程的民主性、透明度和公正性，并强化法治框架。第三，建立民意调查制度是文化行政管理部门在非物质文化遗产管理中的重要环节。通过在决策前对相关项目开展民意调查，部门能够收集公众意见和态度，这种做法能够提高公众对文化行政管理部门政策的认识，提升对其施政行为的认同度和支持度，进而为非物质文化遗产的保护和管理营造更加有利的社会氛围。

2. 加强民主监督

第一，非物质文化遗产数字化保护需强化监督机制，确保管理决策的公正与透明。针对自由裁量空间较大的管理个案，建立明确的监督要点和责任追究制度，避免管理不公现象，增强公众对文化行政管理部门的信任。通过民主监督职能的发挥，关键环节和事件节点的监督将更加严格，违法事件和不合作行为将得到有效遏制。这不仅促进了公众与管理部门之间的合作，也为非物质文化遗产的保护提供了坚实的法律保障。第二，增强文化行政管理部门的效能需要从提升透明度和建立全面的监督体系入手。具体来说，这意味着要通过党内监督机构对行政工作进行周期性审查，以确保符合党的纪律要求。同时，要利用国家机关的监督职能，让人大和政协在法律和民主监督方面发挥作用，保障行政行为的合法性和规范性。此外，通过各种渠道如公众开放日和网络平台，积极引入公众监督，提高公众对行政管理的认知和参与度。新闻媒体的角色也至关重要，媒体的报道和舆论监督，能够确保文化行政管理部门的工作符合公众利益。这些措施可以确保文化行政管理部门的工作更加透明，进而增强公众信任，提高管理效率和质量，为非物质文化遗产的数字化保护提供坚实的监督保障。

（三）服务导向

1. 发展电子政务服务

文化行政管理部门运用互联网管理非物质文化遗产，是我国电子政务发展的重要部分。这不仅体现了文化与科技的融合，还为数字化保护提供了信息平台。电子政务为文化行政管理部门的管理工作带来了新动力。

第一，文化行政管理部门可以通过电子政务系统实现对全国非物质文化遗产数字化保护工作的高效管理。这种现代化的管理方式不仅能够降低办公成本，提高工作效率，还能增强非物质文化遗产数字化保护的整体效果。第二，在非物质文化遗产数字化保护领域，电子政务系统的引入标志着管理方式的革新。该系统通过明确职责分工和权力下放，推动了管理的均衡化和制衡化，有效实现了权力监督。文化行政管理部门需加快构建一个全国性的信息和通信网络平台，整合现有的电子政务资源，对数据库进行升级和优化，形成一个统一的基础管理数据库。这不仅促进了部门间的信息共享，也为非物质文化遗产的数字化保护提供了数据支持。此外，文化行政管理部门应根据国家非物质文化遗产保护的需求和公众利益，逐步向社会开放非物质文化遗产的数字化信息，这将提高政府信息的透明度，提升行政效率和服务质量。

2. 完善基层培训制度

秉持“科学提高分层分类”原则，文化行政管理部门致力于推进基层公务员的培训工作，以适应非物质文化遗产数字化保护的新要求。在培训内容上，强调专业性和针对性，实施定制化培训，确保培训内容与各地非物质文化遗产数字化保护的实际需求和优先事项相匹配，遵循实用性、适用性和有效性的原则，科学制订培训计划。在培训方法上，融合国际先进培训理念和技术，针对基层工作中遇到的各种挑战，采用创新性的学习方法和训练手段，以提高基层公务员的参与度。同时，根据《中华人民共和国公务员法》，各级文化行政管理部门需制定具体的实施细则和时间表，将培训成效纳入公务员的激励体系中，使培训成果成为公务员绩效评估、晋升和职业发展的关键指标。

3. 构建绩效考评体系

我国文化行政管理部门非物质文化遗产数字化保护工作的考核机制需要进行深刻的改革。改革的目标是建立一个清晰、科学、动态的考核体系，这个体系能够准确反映公务员的工作表现和贡献，并与公务员的激励、晋升和培训紧密结合。细化考核标准、构建动态指标体系、创新考核方式、强化结果应用、提升考核透明度和注重持续改进，可以彻底解决考核内容不明确、指标设置不科学、程序流程不规范和评价方式流于形式等问题。这样的改革将提升考核机制的科学性、合理性和有效性，进而提高文化行政管理部门非物质文化遗产数字化保护工作的质量和效率，确保考核机制能够真正发挥激励和引导作用，推动非物质文化遗产保护工作向前发展。

（四）合作管理

1. 融洽政企关系

在非物质文化遗产数字化保护领域，文化行政管理部门可以采取更为积极主动的策略，以促进高新技术企业的参与，从而深化非物质文化遗产的保护工作。以下是一些更为深入的措施。

首先，在非物质文化遗产数字化保护领域，文化行政管理部门的注意力应当从直接的经济活动监督中抽离，转向国有资产的价值监管和宏观政策的制定。这样的转变有助于构建一个更加健康和活跃的市场环境，让高新技术企业在市场中自主寻找发展资金，激发企业的创新潜力。文化行政管理部门的工作重点应该放在提供宏观管理和公共服务上。其次，在非物质文化遗产数字化保护中，文化行政管理部门应集中职责，简化行政程序，减少干预，让企业在市场中自主发展。同时，要重视行业协会的作用，通过它们来协调政策和反映行业需求，以提高管理效率和效果。这样既能确保政府在关键领域的主导作用，又能激发企业的创新活力。最后，为确保非物质文化遗产数字化保护工作的长远发展和实际成效，文化行政管理部门在确立管理目标之后，应着手制定具有前瞻性的规划。这些规划应充分考虑地方特色，合理分配资源、技术和人才，以实现政府宏观调控与市场力量的有机融合。精心规划，可以有效地将社会资源和人力资源集中投入非物质文化遗产的数字化保护工作中，这既能满足个体的发展需求，又符合国家文化保护的宏观目标。

2. 推进政社关系

文化行政管理部门与社会公众之间的相互依存关系构成了非物质文化遗产保护工作的基础。文化行政管理部门致力于服务公众，其核心任务是保护和传承文化遗产，这不仅关乎文化的生存，也是社会身份和历史连续性的重要组成部分。同时，社会公众不仅是文化行政管理部门的管理对象，还是其工作的监督者，他们的参与对于文化遗产的保护至关重要。为了加强文化行政管理部门和社会公众之间的联系，可采取以下举措。首先，文化行政管理部门正逐步将部分职能下放给社会力量，以此促进文化管理从政府主导向多方参与的合作模式转变。这种转变不仅能够减轻政府的直接管理负担，还能通过社会机构的专业性和灵活性，提高文化管理的效率和适应性。通过这种方式，文化行政管理部门能够更好地发挥其监管和协调作用，而将具体的文化运营和创新活动留给市场和社会，从而激发整个社会的文化活力和创造力。这样的改革旨在构建一个更加开放和包容的文化管理体系，确保文化遗产保护工作的持续性和有效性。其次，在推动文化行政管理创新的过程中，文化行政管理部门可以采取更加开放的姿态，通过激活社会组织的潜力来实现资源的优化配置和服务质量的提升。这种策略的核心在于将政府的角色从服务提供者转变为服务的规划者、监督者。文化行政管理部门可以通过公开招标，将非物质文化遗产数字化保护的具体实施工作委托给有能力的社会组织和私营企业。这样做不仅能够降低政府的直接开支，还能借助社会组织的专业能力和灵活性，提高服务的响应速度和质量。在这种模式下，文化行政管理部门负责明确服务标准和监督执行，而社会组织则负责提供具体的服务。这种分工合作的方式，使得文化行政管理部门能够更加专注于战略规划和政策制定，进而确保服务的质量和效率。对于那些商业吸引力不足的项目，文化行政管理部门可以采用公私合作模式，通过政策激励和财政支持，吸引私营部门的参与。这种合作模式不仅能够为项目带来必要的资金和技术支持，还能促进创新和效率的提升。最后，为了促进非物质文化遗产数字化保护领域社会组织的成长，可以着手创建公益孵化集群，为这些组织提供包括资金、技术指导和办公空间在内的综合支持，帮助它们快速发展壮大。同时，改进创意投资和合同招标流程，确保社会组织能够公平竞争，从而提高项目执行的创新性和效率。此外，鼓励地方政府设立专项基金，为这些社会组织提供稳定的资金支持，增强它们的影响力和自主性。

（五）推动非物质文化遗产文化创新体系的建设

非物质文化遗产是我国文化多样性和历史连续性的重要标志，它们不仅是民族精神的纽带，也是社会认同和文化自信的根基。在非物质文化遗产的保护和传承中，文化思想的创新是灵魂，对于抵御文化冲击、适应文化变迁以及维护国家文化安全至关重要。为了构建并完善非物质文化遗产的文化创新体系，我们可以采取以下措施。

1. 观念创新

在非物质文化遗产数字化保护领域，创新思维模式是推动整个文化创新体系发展的根本。这要求我们彻底摒弃那些陈腐的传统观念，拥抱开放和进步的思想，勇于探索未知，不断挑战和刷新我们对非物质文化遗产保护的认知。我们需要的是一种全新的文化观念，它能够与时代同步。

构建非物质文化遗产的文化创新体系需要我们从那些不再适应数字化保护和合理利用的旧观点、做法和制度中解放出来。这一体系的建立应基于构建和谐社会，致力于增强非物质文化遗产的文化感召力和吸引力。

2. 内容创新

非物质文化遗产文化创新体系的构建需要以内容创新为核心，兼顾精神和物质两个层面。这要求我们一方面要加强法治建设，培养适应非物质文化遗产数字化保护的法治精神和契约精神，并通过宣讲、奖励和德育等手段提升公众的道德水平，实现法治与德治的有机结合，为非物质文化遗产的保护提供坚实的基础。另一方面，非物质文化遗产是民族精神的重要体现，我们要积极保护、传承这些遗产，挖掘其中的平等、竞争、科学、民主等精神内涵，以应对经济全球化带来的多元文化的冲击。通过这样的努力，我们可以构建一个全面而深入的文化创新体系，既保护和传承了珍贵的文化遗产，又促进了文化的创新发展和社会的进步。

（六）推动非物质文化遗产公共文化服务体系建设

非物质文化遗产公共文化服务体系构成了国家文化建设的根基，它以丰富的非物质文化遗产资源为依托，通过文化服务体系这一平台，实现对这些珍贵文化的保护与传播。这一体系由文化行政管理部门精心打造，不仅基于满足社会大众对文化生活的需求，也致力于提升非物质文化遗产的现实性保护工作。它遵循非营利的宗旨，向全社会提供广泛的非物质文化遗产公共文化产品与服务。该服务体系不局限于传统的文化载体，如广播、电视和报刊，还积极拓展到现代数字平台和网络空间，形成了一个多渠道、多形式的文化服务网络。它与国家其他文化领域相辅相成，共同构筑起中国文化建设的宏伟蓝图。

通过上述对非物质文化遗产公共文化服务体系的分析可知，推动我国非物质文化遗产公共文化服务体系建设的具体做法有以下三个方面。

1. 加强法治监管

我国在文化市场法治体系建设方面已经取得了显著进展，形成了一个以宪法为核心，文化行政法规为支撑，以及各部门各行业相关规章制度为补充的全面法规体系。在这样的法律框架下，非物质文化遗产公共文化服务体系建设具有了坚实的法律基础。非物质文化遗产的保护和传承不仅要遵循这些法律法规，更要依据《中华人民共和国非物质文化遗产法》的具体规定来执行。该法律为非物质文化遗产的保护提供了明确的指导和规范，确保了非物质文化遗产的传承和发展在法治轨道上进行。

2. 完善调控机制

非物质文化遗产的现代传承与发展，离不开其生产性保护与文化市场的规范化管理。在文化与科技深度融合的今天，创新非物质文化遗产文化市场管理体制显得尤为迫切。未来的重点任务是打造一个结构完善、运行高效、充满活力的非物质文化遗产文化市场体系。为此，必须放宽市场准入大门，鼓励多元资本参与非物质文化遗产的保护与开发，同时完善投融资机制，促进公有制与其他所有制形式在文化市场中共同发展。文化行政管理部门的角色转向更加注重市场规律的宏观调控者和行业引导者，着力构建一个现代化的非物质文化遗产市场营销体系。

第四节　非物质文化遗产数字化保护机制实现的平台

非物质文化遗产数字化融合保护平台是非物质文化遗产数字化保护机制的实现载体。其通过采用元数据技术、地理信息系统等新兴技术，实现对现有非物质文化遗产数字化资源的长效保存和有效盘活，为推动我国非物质文化遗产数字化保护的整体管理、实现我国非物质文化遗产的社会化保护和数字化传播起到良好的作用。

一、非物质文化遗产数字化融合保护平台的含义

非物质文化遗产数字化融合保护平台，这一基于信息管理系统开发的综合性应用系统，巧妙地融合了多种先进的数字化技术工具，旨在实现一系列关键功能。具体而言，这个平台通过充分利用现代计算机技术、网络通信技术以及其他相关技术手段，提升非物质文化遗产档案管理工作的整体质量和效率。它不仅是一个简单的数据存储和检索平台，还是一个全面的信息系统，旨在围绕管理和研究业务，为非物质文化遗产的保护、传承和推广提供强有力的技术支持和平台保障。通过这个平台，相关工作者可以更加高效地进行非物质文化遗产的记录、整理、分析和传播工作，从而更好地保护和传承这些珍贵的文化遗产。

二、非物质文化遗产数字化融合保护平台的建设意义

面对我国非物质文化遗产的分布广泛性和多样性，传统的管理模式已难以适应当前的保护需求。非物质文化遗产的种类繁多，从民间文学到音乐、曲艺、杂技、竞技和民俗等，它们在全国各地的分布不均，缺乏统一的建设标准，这导致管理混乱，不仅影响了非物质文化遗产的传播和利用，也给数字化保护工作带来了挑战。解决这一问题的关键在于引入信息化管理理念，构建一个集中的非物质文化遗产数字化融合保护平台。这个平台将利用最新的信息技术以及科学的管理方法，来整合和保护分散的非物质文化遗产信息。这种方式可以提高非物质文化遗产的利用率，减少信息孤岛现象，实现资源的高效管理和保护。该平台将致力于实现非物质文化遗产档案的统一管理，确保文化遗产的安全和有序传承。集中管理和数字化保护可以更好地维护非物质文化遗产的原真性和完整性，同时促进其在现代社会中的传承和发展。其意义具体体现在以下三个方面。

（一）符合非物质文化遗产传承保护的根本宗旨

非物质文化遗产常被誉为历史文化的“活化石”和民族记忆的“背影”，它们承载着人类社会的发展轨迹、风俗习惯和精神理念等核心元素，具有不可估量的价值。非物质文化遗产如同历史的印记，记录着文化的原貌，其独特地位和价值无可替代。随着数字化和信息化时代的到来，非物质文化遗产的保护和传承工作迎来了新的发展机遇。数字化不仅关乎这些遗产的长久保存，更是培育新一代传承人的关键途径。现代摄录技术的应用使得非物质文化遗产得以以影像的形式

被捕捉和保存，众多博物馆等文化机构已积累了丰富的非物质文化遗产视听资料。这些数字化资料不仅成为传承人学习和传承技艺的宝贵资源，也极大地丰富了公众的文化生活，使非物质文化遗产的传播和体验变得更加便捷。

（二）奠定非物质文化遗产信息开发利用的坚实基础

非物质文化遗产数字化融合保护平台为传承这些珍贵的非物质文化遗产提供了一个全新的舞台。这个平台不仅能够广泛传播非物质文化遗产，还能深入挖掘其内在的历史和文化价值。利用现代信息技术和网络的力量，这些遗产可以被转化为城市的新名片或旅游的新热点，从而成为新的经济增长点。此外，该平台使得非物质文化遗产能够被转化为各种形式的数字产品，如视频、音频等，进而制作成光盘、磁带、电子出版物等，为这些遗产的市场开发提供了多元化的途径；更为重要的是，该平台为学术研究提供了一个系统化和全面的资源库，方便研究人员进行资料的检索和获取，极大地促进了非物质文化遗产的学术研究和知识共享。

（三）满足社会信息资源共享的迫切需求

非物质文化遗产是社会信息资源中的宝贵财富，它们不仅吸引着研究者和爱好者，也是公众文化生活的重要组成部分。共享非物质文化遗产的档案信息是社会信息资源共享的重要组成部分。非物质文化遗产数字化融合保护平台的建立，使得这些分散的非物质文化遗产资源汇集于一个统一的目录数据库内，通过一个由中央到地方再到基层的层级管理体系，实现全国非物质文化遗产目录数据库的不断完善，构建起一个覆盖广泛、互联互通的网络体系，用户可以借此平台轻松检索到很多非物质文化遗产的详细信息。非物质文化遗产的信息化管理不仅是实现社会信息资源共享的必要途径，也是提高这些非物质文化遗产资源利用效率的关键。

三、非物质文化遗产数字化融合保护平台的应用性

（一）对非物质文化遗产信息进行电子形式的档案管理

档案馆在非物质文化遗产数字化融合保护平台建设工作中应高度重视电子形式的非物质文化遗产档案，做到有规划、有步骤地收集、积累、保管这部分档案。

在非物质文化遗产数字化融合保护平台的建设中，对电子档案进行系统的整

理和编辑是至关重要的一环。这包括根据档案的类型和数量制订出标准化的整理方案，并建立便于检索的机读目录。同时，需要对档案的物理载体进行标记，注明档案的编号、名称、保密级别等关键信息，以便快速查找和管理。此外，还需将档案的详细信息如形成单位、技术环境、文件标题、创建时间和文件类型等录入数据库，实现档案管理的系统化。编辑工作则聚焦于将档案转换为统一格式，确保长期保存和共享的便利性。同时，必须采取有效的保护措施，防止自然灾害或人为因素对档案造成损害，以保障非物质文化遗产档案的完整性和安全性。通过这些措施，非物质文化遗产的电子档案管理变得更加规范和高效，为非物质文化遗产的传承提供了坚实的基础，也为非物质文化遗产的保护和推广开辟了新的可能。

（二）将传统形式的非物质文化遗产信息档案进行数字化处理

在非物质文化遗产数字化进程中，将非物质文化遗产转化为数字资源是实现其长久保存的创新性策略。这不仅涉及将口头传统、表演艺术等非物质文化遗产记录成数字化形式，也包括对已有的实体档案如手稿、影像资料等进行数字化转换。数字化处理使得这些非物质文化遗产能够在现代技术支持下得到更好的保存，并且借助网络平台的传播，能够让世界各地的人们都能够接触和了解这些文化瑰宝。这一转变不仅为非物质文化遗产的传承注入了新的活力，也为全球文化交流提供了新的平台。

在将非物质文化遗产资源转化为数字化形式时，我们不能仅仅依赖传统的数字化工具，如扫描仪和相机，而应积极采用尖端的可视化技术和三维动态模拟技术，以更真实地捕捉非物质文化遗产的精髓。当前，对于非物质文化遗产的数字化技术的研究已经取得了一些进展。有研究提出，可以利用三维数字化技术对非物质文化遗产进行场景模拟，这不仅能够让用户在查阅档案时获得更加直观的体验，还能模拟现场互动，增强用户的参与感和沉浸感。此外，还有学者提出，可以借鉴人类解剖学原理和电子计算机断层扫描（CT）技术，将非物质文化遗产的碎片以数字化形式进行整合和复原。

（三）对非物质文化遗产信息资源进行管理、开发和利用

非物质文化遗产数字化融合保护平台相较于传统的数字管理平台，提供了一个全新的维度来管理和利用非物质文化遗产。传统的数字管理平台往往局限于流程管理，未能全面满足非物质文化遗产的数字化保护需求，同时也未能充分激活

现有资源的潜力，导致保护效果和资源利用率不尽如人意。非物质文化遗产数字化融合保护平台的构建，旨在通过信息化手段，实现非物质文化遗产的深度管理和资源的优化利用。这一平台不仅关注于非物质文化遗产的数字化过程，更重要的是，它着眼于通过技术手段实现非物质文化遗产信息资源的深入开发和广泛应用。该平台使得非物质文化遗产的保护工作更加高效，利用更加便捷，用户可以不受时间和空间的限制，自由地访问这些珍贵的文化资源。此外，该平台还促进了资源的整合和共享机制的建立，提升了数据的价值，为非物质文化遗产的保护和利用开辟了新的可能性。

非物质文化遗产数字化融合保护平台通过互联网技术的应用，为非物质文化遗产的展示和传播提供了新途径。该平台通过建立网上博物馆和运行各级各类非物质文化遗产网站，实现了数字化信息的网络共享，节约了资源并提升了管理效率。特别是对于音频、视频等声像档案的在线展示，用户能够直接点击观看，实现了与文化的零距离接触。同时，虚拟现实技术的应用，将非物质文化遗产的历史脉络生动地展现在用户面前。网络舆情监控技术结合非物质文化遗产信息库，实现了远程监控和保护评估，为文化行政管理部门提供保护预警，并提出保护建议。非物质文化遗产的信息化管理不仅包括在线展示，还涉及对档案馆中保存的非物质文化遗产数据进行细致的分类、统计与分析，从而为管理工作提供指导。通过管理信息系统，工作人员可以迅速对收集量、利用率和损毁度等关键指标进行综合评估，这有助于确定档案的价值、编纂目标，并为制定科学的管理规范和保护措施提供数据支持，确保非物质文化遗产得到有效的保护和合理的利用。

四、非物质文化遗产数字化融合保护平台的功能分析

非物质文化遗产数字化融合保护平台涵盖了数据输入、保存、处理、展示和分发等核心功能。站在用户的角度，该平台的构建旨在简化非物质文化遗产档案的管理工作。为了实现这一目标，该平台需要依托其内部的多个功能模块，这些模块共同构成了平台的架构基础。

该平台包含七个关键功能区块：数据搜集、数据加工、数据保管、数据格式适配、数据分析、行政辅助及数据运用。数据搜集区块专注于收集与非物质文化遗产相关的各类信息和资料。数据加工区块则致力于整理和优化这些收集到的数据。数据保管区块的职责是确保优化后的数据被妥善且安全地存储在合适的位置。数据格式适配区块负责按照特定的规范和格式，对收集到的数据进行必要的转换

和压缩操作。数据分析区块依据具体需求，执行对数据的统计和分析任务。行政辅助区块通过实时监控数据库，为非物质文化遗产的保护和管理提供策略建议。数据运用区块结合新兴科技，对非物质文化遗产数据进行深入的分析。

五、非物质文化遗产数字化融合保护平台的建设原则

（一）宏观性和微观性相结合原则

非物质文化遗产的管理体制以文化和旅游部为主导，各级地方政府具体执行本地的数字化保护和管理任务。这一管理体系从中央延伸至地方，形成了一个纵向的架构。在这个架构中，不同层级的管理机构根据其职责和业务范围，对非物质文化遗产信息的需求各有侧重。因此，在系统建设时，需要根据各个层级的具体需求来设定系统功能和构建信息数据库，确保微观层面的详细信息与宏观层面的总体信息既保持独立性，又能够相互联系，以实现非遗信息的有效管理和利用。

（二）标准统一、规范合理原则

非物质文化遗产的数字化保护工作必须基于统一的标准和规范。中央层面负责开发一套标准化的技术框架，并推荐给地方使用，以确保全国范围内非遗数据的一致性和共享性。这样的措施有助于形成全国性的非物质文化遗产数字化保护体系，为非遗的保护和传播提供坚实的基础。

（三）兼顾技术先进性与兼容性原则

在平台建设时，选择技术确实需要平衡先进性和实用性。虽然先进技术能带来便利和更多的功能，但也存在稳定性和兼容性的问题。新技术可能需要一定的时间来验证其稳定性，同时，不同技术之间可能存在不兼容的情况。

（四）兼顾功能完整性与实用性原则

在平台建设之初，开展全面的系统规划和详尽的调研工作是至关重要的第一步。这涉及对各地非物质文化遗产的使用人群、使用现状等进行深入了解，并据此收集相关数据。这些信息将作为制订平台战略目标、开发策略和功能架构的依据。基于调研结果，我们可以设计出一个既能满足当前需求又具备前瞻性的平台。这个平台应该具备直观易用的用户界面，以适应目标用户的使用习惯，同时提供简洁而全面的功能模块，确保能够满足用户的各种需求。

（五）可扩展性、易维护性原则

在数字化时代，非物质文化遗产保护平台的建设不仅要立足当下，更要预见未来。随着技术的飞速进步和用户需求的持续演变，平台必须具备持续迭代的能力，以适应不断变化的环境。这意味着，即使是最初运行良好的平台，也可能在未来几年内面临功能升级的需求。因此，平台在设计阶段就需要融入先进的软件开发理念，确保其具备高度的灵活性和可扩展性，以便未来能够无缝集成新技术和新功能。同时，平台的日常运营和维护不应成为负担，而应简化流程，降低成本。这要求在设计之初就考虑到易维护性，使得未来的维护工作更加高效，减少对专业技术人员的依赖。

六、非物质文化遗产数字化融合保护平台的集成应用

集成不仅是一种新兴的策略，还代表了一种整合资源和优化组合的先进方法论。在非物质文化遗产的数字化保护领域，集成的目标是将全国的非遗信息和档案管理系统进行高效整合，形成一个协调一致、功能互补的综合性平台。这种整合超越了简单的信息汇聚，它旨在构建一个能够提升整体效能、优化管理流程的有机系统。

非物质文化遗产数字化融合保护平台的集成应用标志着非遗保护工作的一个新纪元。这一平台不仅简化了非物质文化遗产的信息管理工作，还成为资源发掘和利用的关键工具。它使得全国性的非遗普查数据得以集中处理和深入分析，为政府决策提供了坚实的数据基础。该平台通过统一的数据采集标准，确保了各地区特色得以保留，同时，信息也能够顺畅流通和共享，为建立高效的检索系统和信息传播机制打下了坚实基础。

非物质文化遗产数字化融合保护平台的集成模式打破了地域界限，通过将分散于各地的非物质文化遗产档案和数据库资源集中整合至一个中心化的信息系统，实现了一个全国性的非物质文化遗产信息资源管理平台的构建。这一平台不仅促进了档案信息的集中存储和管理，而且提供了一个便捷的共享服务机制，使得全国范围内的非物质文化遗产档案信息得以跨区域流通和利用。

（一）应用平台系统分级集成的思想

面对全国范围内分布广泛且数量庞大的非物质文化遗产资源，简单的集中式集成可能会导致数据存储压力增大、信息重复和资源浪费等问题。以花鼓戏为例，

这一跨地区的国家级非物质文化遗产在安徽和湖南均有申报，若各地的数字化保护平台均独立存储完整的花鼓戏数据，将不可避免地导致数据重复，造成存储资源的浪费。因此，非物质文化遗产数字化融合保护平台的构建需要采取一种精细化的分级集成策略。这种策略应当基于非物质文化遗产的地域分布、民族特色和文化价值，实现多维度的分级管理。具体而言，分级集成不仅涉及行政层级的划分（中央、省、市、县等），还包括根据遗产的文化价值和影响力进行的级别划分（世界级、国家级、省级、市级等），以及按照遗产类型进行的分类管理。这种分级集成的方法不仅能够有效避免数据冗余和资源浪费，还能为非物质文化遗产档案资源数据库的建设提供明确的指导框架。

（二）采用分布式的数字信息资源系统结构

数字博物馆和图书馆借助互联网技术，打破了传统场馆的空间和时间限制，使得文化资源能够服务于更广泛的受众。这些数字资源，尤其是非物质文化遗产，不仅是单个机构的财富，更是民族、国家乃至全人类的共同遗产。因此，非物质文化遗产的数据管理必须重视信息共享，通过建立分布式的数字资源库网络，整合全国的非物质文化遗产档案，实现资源的集中管理和优化利用，促进资源共享和文化遗产的全球传播。

（三）建立统一的数字化保护平台

非物质文化遗产数字化融合保护平台集成了庞大且复杂的数据信息，旨在打造一个集归档、检索、分析和共享于一体的综合管理平台。该平台的设计核心在于提供一个统一的界面，使得用户能够便捷地访问和管理非物质文化遗产的数字资源。在此基础上，该平台进一步扩展为数字博物馆或专门的非物质文化遗产网站，这些网站不仅是信息的集散地，也是文化展示的窗口。在构建这些网站时，重点放在了功能的实用性与界面的吸引力上，旨在创建一个既能满足管理需求、又能提供丰富文化体验的综合平台。

数字博物馆和非物质文化遗产网站的设计不仅要注重用户交互体验，还应致力于整合各类数据库资源，包括目录档案、传承人档案和多媒体档案等，以构建一个从国家级到地方级，覆盖省、市、县的非物质文化遗产信息网络。这种集成化的数据库系统能够实现资源的垂直整合和横向共享，从而形成一个全面的非物质文化遗产信息生态。

第五节　非物质文化遗产数字化保护机制实现的保障

一、非物质文化遗产数字化保护机制实现的政策保障

中国非物质文化遗产的数字化保护立法工作正处在关键的发展阶段，迫切需要在全国范围内提升对此议题的重视，并确保地方特色在相关立法中得到充分体现。在现有的立法框架内，强化地方立法对于非物质文化遗产的数字化保护至关重要，这涉及创新立法方法，寻找符合中国特色的文化遗产保护模式。通过法律手段，我们不仅要确立文化遗产保护的指导原则，还要妥善处理保护工作中可能出现的社会关系问题，以法律为依托推动社会和谐发展。

（一）建立侵害非物质文化遗产的法律救济机制

一部完善的法律必须具备相应的救济机制。我国非物质文化遗产数字化保护法律法规保障机制应该尽快建立适合我国地方实际情况的救济制度。我国非物质文化遗产的法律救济可以从预先性救济和补救性救济两个角度设计。

1. 预先性救济

所谓预先性救济，是指在非物质文化遗产遭到具体侵害之前所设计的制度。我们可以考虑设计如下制度。

（1）财政支持法定义务制度

若没有必要的资金投入，非物质文化遗产数字化保护是无法实现的。因此，建议无论是省级财政预算法律还是地方财政预算法律，均应给非物质文化遗产数字化保护留出预算空间。

（2）挖掘、发现与持续维护的奖励制度

未来相关法律应当考虑设定这样的制度，即凡有利于非物质文化遗产数字化保护的行为，都应当获得法律明确规定的奖励。该奖励可以包括纯精神性奖励和物质性奖励。同时，对积极出资保护非物质文化遗产的企业，给予税收上的一定优惠；鼓励个人或家庭出资设立非物质文化遗产数字化保护基金或向保护基金提供捐助。

2. 补救性救济

所谓补救性救济，是指针对已经发生的侵害非物质文化遗产的行为人，在立法中设计责任追究制度。具体制度设计如下。

（1）懈怠维护的警告制与“三责”（民事责任、行政责任和刑事责任）制度

对于因懈怠行为导致非物质文化遗产遭到严重破坏甚至消失的团体、个人，应当考虑设立两个具体制度：一是警告制度，由专门委员会对疏于保护非物质文化遗产的行为人发出警告和限期矫正公告；二是对于无视警告并进而造成非物质文化遗产遭到严重破坏甚至消失者，适用民事责任、行政责任乃至刑事责任追究制度。建议在相应的法律法规中对非物质文化遗产保护做出必要的制度补充。

（2）侵害行为的“三责”制度

对于故意或过失侵害非物质文化遗产甚至直接导致非物质文化遗产消失的行为，也应考虑民事责任、行政责任乃至刑事责任的追究。但是，不可抗力原因导致非物质文化遗产消失的，不得滥用责任追究制度。

（3）从知识产权角度加强非物质文化遗产数字化保护立法

非物质文化遗产是人类智力活动的产物，其本质是信息，是知识产权的客体。从某种程度上讲，客体决定保护模式，非物质文化遗产的保护模式取决于非物质文化遗产自身的法律属性。从民法的客体理论看，物质文化遗产属于民法上物的范畴，对其保护应采用物权制度；而非物质文化遗产是无形的、抽象的，是人类脑力劳动的成果，其本质为信息，应划归到知识产权的客体范畴，对其保护应采用知识产权制度。

（二）学习与非物质文化遗产相关的国际先进政策经验

为了保护非物质文化遗产，阻止非物质文化遗产的破坏乃至消亡，保证人类文化的多样性和人类的创造性，一些国际条约以及区域性国际条约相继被制定，如《保护文学和艺术作品伯尔尼公约》（简称《伯尔尼公约》）、《保护民间文学艺术表达、防止不正当利用及其他侵害行为的国内法示范条款》《与贸易有关的知识产权协定》《保护世界文化和自然遗产公约》《保护非物质文化遗产公约》《阿拉伯著作权公约》等，这些条约对传统文化的保护工作起到了巨大的推动作用。此外，在国际环境保护法、国际人权法、知识产权法等法律中都有对非物质文化遗产的保护。目前我国已经加入《伯尔尼公约》《与贸易有关的知识产权协定》《保护世界文化和自然遗产公约》《保护非物质文化遗产公约》等国际条约。随着中国加入的国际条约数量的增加，国内立法和政策制定越来越多地受到国际原则、惯例和习惯法的影响。在这一过程中，中国的立法工作需要坚持科学发展的理念，认识到文化遗产保护是一个动态的、包含发展元素的过程。这种保护不仅仅是对过去的保存，更是对未来的投资，旨在实现经济与文化的协调发展。立法者应当充分利用宪法赋予的权力，通过制定专门法规来解决民族自治区在文化遗产保护方面遇到的特殊问题。在立法内容上，必须立足地方实际情况，结合文化遗产的特点，进行创新性的立法。这意味着立法者需要深入了解各地的地理环境、人口结构、生活方式、经济特点和风俗文化，从而解决立法问题，确定立法目标，并突出立法重点。地方立法应当具有自身的领域和特色，因为地方立法有着独特的立法根基，需要把握立法的客观条件。此外，在立法过程中，还需协调法律、社会管理和国际义务三者之间的关系。这意味着在制定和实施法律时，要考虑到国内的法律体系、社会管理的需求，以及中国在国际舞台上所承担的义务。

二、非物质文化遗产数字化保护机制实现的行政保障

（一）建立、健全非物质文化遗产保存与利用机制

非物质文化遗产的保护亟需档案馆、图书馆和博物馆等文化机构的积极参与。通过全国性的普查，我们能够全面掌握非物质文化遗产的数量、分布和保护状况，以及面临的挑战。通过文字记录、音频、视频和数字化多媒体手段，我们能够对这些珍贵的文化遗产进行详尽的记录，建立详尽的档案和数据库。进一步地，我们应当积极搜集相关实物，进行妥善保存和展览，并鼓励地方建立专门的民俗和非物质文化遗产博物馆，以及资料文献中心。文化机构应广泛搜集和记录各民族、各地区的传统节日和习俗，整理成档案，并利用现代影音技术真实地记录这些习俗，为未来的研究和教育提供资源。同时，通过专家的严格评审，为非物质文化遗产传承人建立详尽的档案，并采用多级保护体系，包括国家级、省级、市级和县级传承人，以此全面保护非物质文化遗产的原貌。在这一过程中，各级档案馆、图书馆和博物馆不仅要重视文化遗产的收集与保存，还应重视其活化利用，充分发挥文化遗产的教育和启发作用，使这些文化遗产在当代社会中焕发新的生命力。建立非物质文化遗产文献保存体系后，关键在于如何有效地利用这些档案和文献。通过提供在线视听、图片和文件下载服务以及在线数据库，互联网博物馆能够展示非物质文化遗产，解决传统展示空间有限的问题。互联网博物馆的虚拟空间几乎无限，且不受时空限制，使得不同地区的民俗习惯，如中秋节的庆祝方式，能够同时展现给公众，加深了人们对文化差异的理解。现代图书馆可以通过讲座、展览、知识竞赛和读书活动等形式，积极参与非物质文化遗产的数字化保护宣传和教育工作，提升公众的认知和保护意识。同时，档案馆、图书馆和博物馆应积

极参与非物质文化遗产的研究，利用馆藏资源深入了解相关项目。可以组织地方文化机构的馆员与外部机构合作，或者协助相关部门进行非物质文化遗产的确认、立档、记录和整理工作。这不仅加强了研究力量，也提升了工作人员的学术研究能力，为非物质文化遗产的保护和传承提供了坚实的学术支持和人才基础。上述这些措施，可以确保非物质文化遗产得到有效的保护、研究和传承。

（二）完善政府引导职能

我们可以通过媒体宣传和政策引导，激励多元化的资本，包括国有、私营以及外资，参与到非物质文化遗产的数字化保护工作中，共同营造一个积极保护非物质文化遗产的社会氛围。同时，推动文化机构依据现代企业制度进行转型，深度整合和开发非物质文化遗产资源。

为了推进非物质文化遗产的保护与发展，我们需要加速和深化文化管理体制的改革，构建一个包含党委宏观领导、政府依法管理、文化企事业单位依法经营以及民间协会和中介组织协调发展的新体制。非物质文化遗产的保护机构和相关部门需实现从文化事务的直接管理到更广泛的社会参与，从垂直管理到横向合作，从行政隶属关系到生产要素导向，以及从多头管理到统一管理的转变，同时推动文化企业实现从行政附属向现代企业制度的转型。在非物质文化遗产的领域内，我们需采取差异化的管理模式，以适应经营性和公益性文化单位的不同需求。政府的角色在于支持那些具有重要示范作用的公益性机构，同时，对于市场化运作的非物质文化遗产单位，应引导它们转型为现代企业，通过租赁、承包、股份制改革等方式，激发其自主经营活力，并确保它们依法纳税。此外，我们应有计划地建立专门的文化产业资产管理公司，让它来负责国有文化资产的经营和资本运作，以此提升效率。在人才管理方面，要改革现有的体制，全面实施聘任和签约制度，推广传承人才的代理制，以市场为导向整合人力资源，并建立一个开放、流动的人才使用机制。为了与社会主义文化产业的发展需求相匹配，我们将构建一个经济效益导向的收入分配体系，融合劳动与生产要素分配，引入年薪制、承包工资制、奖励工资制等多种分配模式。此外，我们将促进文化品牌、创作成果和科研成果等非物质要素参与到收益分配中，以此激发人们的创新精神和保护非物质文化遗产的主动性。

（三）切实保障非物质文化遗产传承主体的利益

在非物质文化遗产数字化保护的法律框架内，重视传承主体的利益是关键。

非物质文化遗产的保护不仅涉及对其成果的直接保护，也包括对传承人及其技艺的间接保护。数字化保护的目的不仅是让文化遗产得以代代相传，还要让这些民间艺术与时代同步，激发新作品的创作。因此，为传承人创造一个宽松的环境，使其在新的历史条件下获得更大的发展空间是必要的。考虑到我国经济发展的不均衡性和非物质文化遗产传承主体主要为农村中老年人的现状，政府应颁布政策，建立非物质文化遗产传承主体的利益保障机制，确保他们在经济、法律、教育、市场推广和社会认可等方面得到必要的支持和保护。首先，政府在非物质文化遗产的保护工作中扮演着重要角色，需要制定明确的传承主体认定标准和建立各级传承人名录，以便更精准地进行保护。同时，政府还应为传承主体提供培训经费，激发他们的积极性，支持传承人开展传习活动。教育系统也应参与其中，学校教育和社会教育相结合，采用传、帮、带的方法培养新一代的传承人，确保非物质文化遗产得以有效传承。其次，非物质文化遗产的传承者正面临着知识产权被侵犯的严重威胁，他们的独创技艺和知识常常被非法复制和盗用，而传承者本身可能因为缺乏法律知识或对政策不熟悉而难以捍卫自己的权益。这种侵权行为给传承者带来了直接的经济损失。针对这一问题，国家和社会有责任采取措施，与侵权者共同对传承者进行补偿，包括精神损害赔偿和经济损失赔偿。政府需要持续更新知识产权法律法规，以更好地保护原创者和传播者的权益，与此同时，还要提供法律援助，增强传承者的法律意识，以及采取严厉措施打击知识产权侵权行为。最后，非物质文化遗产的传承不仅需要保护，还需要创新。鼓励传承主体发挥积极性，对非物质文化遗产进行创新性发展，是保持其活力的关键。在尊重和保持遗产原真性的同时，注入时代精神，可以促进非物质文化遗产的传承和发展。政府应当对那些展现出创新意识、精神，并在实践中作出重大贡献的传承人给予物质和精神上的奖励。这种双重激励机制不仅能表彰传承人的创新性努力，还能在社会中树立典范，激发更多人尤其是年轻人对非物质文化遗产学习和传承的兴趣。

三、非物质文化遗产数字化保护机制实现的资金保障

（一）加大投入力度，争取中央投资

在我国非物质文化遗产数字化保护的实践中，中央财政的投入与国际先进水平相比仍有较大差距，难以全面满足国内广泛的非物质文化遗产保护需求。鉴于

此，中央财政资金更多地发挥着撬动作用，而地方财政则成为资金支持的主体。面对非物质文化遗产的庞大体量和保护的紧迫性，中央和地方财政需形成合力，通过精准投入和有效配合，确保资金能够优先用于那些最为重要和濒危的非物质文化遗产项目。同时，拓宽资金来源渠道，鼓励社会团体、慈善机构和个人参与到非物质文化遗产的保护工作中来，形成政府引导、社会参与的多元化资金筹措机制。这种合作模式不仅能够提高保护工作的深度和广度，还能够提高资金使用的效率和效果，确保非物质文化遗产的数字化保护工作能够持续、稳定地推进。

（二）督促各级政府，保证资金到位

随着中央层面对非物质文化遗产保护资金的增加，地方当局也必须积极响应中央政府的指导方针。这意味着非物质文化遗产的保护应当成为政府决策的核心内容、经济发展蓝图的一部分、财政预算的固定项目、国家发展计划的组成部分，以及精神文明建设评估的关键指标。通过设定年度目标和责任制，对非物质文化遗产的数字化进程进行严格监督和评估，就像对待经济任务一样重视这项工作，定期审查并跟踪其进展，确保地方层面的非物质文化遗产得到妥善的数字化保存。为了确保资金的有效分配，必须对现有的非物质文化遗产管理体系进行优化，通过具体的比例分配来确保资金及时到位。例如，根据各地区上一年度的财政收入，确定一定比例的资金用于下一年度的非物质文化遗产保护工作。此外，将非物质文化遗产的数字化保护工作纳入官员的绩效考核体系，作为评价其工作成效的一个重要方面。同时，要确保各级政府切实履行保护非物质文化遗产的职责，确保公共财政对此项工作的支持，并与明确的法规相结合，在法律中规定保护资金的具体数额和比例，以法律形式确保资金来源的稳定性。省级政府还可以利用媒体的影响力，对在非物质文化遗产数字化保护工作中取得显著成就的单位进行表彰，树立模范，以此激励更多的单位积极参与到非物质文化遗产的保护工作中来。

（三）拓宽资金渠道，实现社会融资

近年来，随着全国社会经济的快速发展，社会民间财力显著增强，为非物质文化遗产的保护提供了新的融资渠道。一批批富裕阶层和微观企业不断出现，他们不仅具备了支持社会公益事业的经济实力，也表现出了参与社会公益性事业的意愿。国民经济的增长促进了这些企业的发展，使它们拥有了参与非物质文化遗产保护的财力基础。

一方面，面对非物质文化遗产保护的资金挑战，中国可以采取一系列创新性的金融机制来拓宽资金来源。建议成立省级非物质文化遗产保护基金，由省政府主导，文化部门负责执行，通过创新金融工具如发行地方债券、特色彩票和文化遗产股票来筹集资金。此外，鼓励国内外捐赠，并将非物质文化遗产项目的超额经营收入部分回流到保护工作中。在资金分配上，应优先考虑那些濒危的非物质文化遗产，尤其是贫困地区的项目，以实现资金的有效和公平分配。借鉴国际经验，建立非物质文化遗产风险评估体系，通过风险地图实时监控各地非物质文化遗产的状况，以便及时采取保护措施。积极与社会各界合作，特别是与知名人士和企业合作，通过赞助和捐赠等方式吸引社会资本参与非物质文化遗产的保护工作。对于贡献突出的个人和企业，除了授予荣誉称号和命名权外，还可以提供更多的激励措施，如税收优惠、政策扶持等，以激发社会各界的参与热情。

另一方面，以公益为主导，增加非物质文化遗产数字化保护自营收入。当前我国非物质文化遗产单位的自营收入来源主要有门票收入、餐饮收入及其他收入。

第五章　非物质文化遗产数字化保护与传承的实践

本章为非物质文化遗产数字化保护与传承的实践，介绍了鄄城砖塑数字化保护与传承的实践、唐山皮影数字化保护与传承的实践、阜阳剪纸数字化保护与传承的实践以及泉州提线木偶数字化保护与传承的实践。

第一节　鄄城砖塑数字化保护与传承的实践

一、鄄城砖塑

鄄城砖塑，这一源自山东菏泽的独特传统雕塑艺术，承载着深厚的历史底蕴。它不仅区别于天津的砖雕和广东的灰塑，更以其独特的民间捏塑和土陶技艺而自成一体。2008 年，鄄城砖塑因其独特的文化价值和艺术魅力，被正式列入国家级非物质文化遗产名录，这标志着其在中国传统艺术中的重要地位得到了国家层面的认可和保护。

鄄城砖塑，这项源自山东菏泽的传统雕塑技艺，以其独特的艺术风格和深厚的历史根基而闻名。在众多砖塑艺术中，鄄城彭楼镇的谢家砖塑技艺尤为突出。谢家原为李姓，据族谱记载，其祖先在明朝洪武年间从山西迁至山东，后改姓谢并定居于谢庄。关于谢家砖塑技艺的起源，虽具体年代已不可考，但普遍认为起源于清咸丰年间，由谢名芳所创，并历经谢家数代传承至今。然而，根据现存的清代建筑装饰和出土的砖塑作品推断，谢家砖塑的历史可能更为悠久。20 世纪 80 年代，专家对鄄城北齐亿城寺遗址出土的雕砖构件进行鉴定，推测其年代为清代乾隆年间，且被谢学运确认为谢家先人的作品。这一发现将谢家砖塑的历史至少推前至清乾隆时期，甚至可能更早。

在中国传统文化中，民间手工艺与日常生活紧密相连，往往成为家族生计的重要部分，代代相传。这种传承方式通常是自然而然的，孩子在长辈的身边学习，通过观察和实践来掌握技艺，这种传承方式普遍而传统，往往没有得到官方的重视，也缺乏文字记录。谢家砖塑的传承历史也遵循着这样的模式。如今，我们对谢家砖塑的了解大多依赖于谢家第十九世传人谢学运的记忆口述，以及对当地现存的古建筑砖塑装饰和出土文物的研究。这些珍贵的记忆和实物成为我们探索和理解谢家砖塑技艺发展和传承的宝贵资料。

谢学运，1928 年出生于一个砖塑艺术世家，自幼便在家族的砖塑技艺中耳濡目染。经过多年的磨炼，他不仅掌握了家族的砖塑技艺，更将其发扬光大，创作出众多造型生动、工艺精湛的砖塑作品。1986 年，他的作品被鄄城县文物管理所收藏，成为馆藏的一部分。到了 2009 年，谢学运因其在砖塑艺术上的卓越成就，被认定为国家级非物质文化遗产代表性传承人，标志着他的艺术成就得到了国家层面的认可。

民间技艺往往与日常生活紧密相关，它们体现了人们为了适应环境和维持生计而发展出的技能。谢学运提到，他的家族因为家境贫寒，没有机会接受正规教育，也没有土地耕种，因此全家人依靠这门手艺来维持生计。这种技艺的传承，最初是出于生存的需要。由于砖塑工作既辛苦又脏，学习过程艰难，外人通常不愿意承受这份艰辛，因此这门技艺往往只在家族内部传承。这种情况并非个例，旧时许多家族式的技艺传承都带有一定的排他性，这不仅是由于手艺人的保守，更多的是出于对家族生计的保护。

家族传承模式在中国民间手艺中十分常见，这种模式下，技艺往往由父辈传给子辈，代代相传。谢家砖塑的传承也不例外，它没有太多神秘的技巧，而是以一种非常自然和简单的方式流传下来。谢学运提到，这门手艺不需要经过正规的学习，长辈做什么，晚辈自然就会跟着学会，就像蒸馒头一样，是一种日常生活中的自然学习过程。这种传承方式体现了民间手工艺的自发性和实践性。手艺的掌握全靠个人的观察、实践和创造性劳动，通过不断的观察、记忆、实践和思考逐渐磨炼而成。随着时代的变迁，砖塑的造型和特征也在不断演变，在传承的过程中，形成了一种既传统又具创新性的方法。谢学运通过近 60 年的艺术实践，积累了卓越的造型技艺，能够自如地创造出多样的形象。他所制作的砖塑作品不仅栩栩如生、个性鲜明，而且在简洁中透露出精致，展现出强烈的生命力。在 20 世纪六七十年代，谢家砖塑在鲁西南地区广受欢迎，被广泛应用于神庙、宗祠和民宅等建筑的装饰之中，成为当地文化的一个标志性元素。

谢家砖塑技艺独特，既保留了传统手工艺的精髓，又展现出鲜明的个性。从原料的挑选到成品的制作，整个过程严谨而细致。其选用当地特有的泥土，经过干燥、粉碎和筛选，确保泥土质量，为后续的精细雕刻打下基础。烧制过程中，对窑炉的选择、泥坯的摆放、温度的控制以及开窑的时机都极为讲究，这些因素共同决定了砖塑最终的色泽和质地，使得每件作品都呈现出独特的青灰质感。

二、鄄城砖塑的制作工艺

鄄城砖塑的制作方式区别于其他地区的砖雕石刻，制作时只用双手进行捏造，配以简单的工具进行辅助，塑型简单不加以精雕细琢，往上堆积然后捏造形成。砖雕技艺有窑前雕和窑后雕之分，窑前雕是在做出坯胎后，未进入窑烧制便将图案花纹刻制好，窑后雕则是先烧制好再进行雕刻。砖塑的制作方法主要是窑前雕，窑前雕相对窑后雕来说，技艺较为简单，对手工匠人的要求也没有那么高。在早期雕刻工具尚不够精细之时，用木、竹、骨制工具，或一般的铁质、铜质工具即可完成，所以窑前雕也可以称为砖塑。另外鄄城砖塑还采用浅浮雕与高浮雕相结合的方法，浅浮雕主要用于山墙装饰的制作，高浮雕用于屋檐脊兽等装饰的制作。

（一）鄄城砖塑的制作工具

制作砖塑所使用的工具很简单，由于是手工捏造而成，手部捏造的重要程度远大于工具，工具在制作过程中起到了很好的辅助作用。主要工具包括刻刀、毛刷、割刀、滴水模具、齿子及柏木抹子等。

民间传统手工艺人往往并没有很高的文化水平，甚至有些人都不识字，但他们依靠智慧的双手造就了具有较高艺术价值的作品。在工具的选取上，大多是砖塑艺人在长期实践中将其所积累的惯用工具流传下来，最终固化为特有的规范。砖塑艺人在长期的创作实践中，根据自身的使用习惯选取合适的工具，或根据创作需要自己制作相关工具。创作砖塑的工具并不算太多，放在一起，单手就可以将其拿全。据传承人介绍，他对所使用工具具体名字的规范叫法也不清楚，至于如何使用这些，是根据上一代人的使用习惯来使用的。

（二）鄄城砖塑的制作流程

砖塑制作流程主要包含坯胎制作和砖塑烧制两大部分，坯胎制作完成后需要进窑烧制。捏制砖塑是个耗时间的过程，极其考验艺人的塑形技艺和耐心。砖塑烧制是很关键的一步，需要有专人一直守在窑边，控制整体的温度，温度不可过高，也不可过低，往往需要经验丰富的老师傅才可以驾驭。

1. 坯胎制作

砖塑制作过程共分为 12 个小部分。先是选土，应选用从本地挖取的胶泥，要经过一个冬天的自然风化，待胶泥块自然粉化后效果最佳，然后去除泥中杂质，保持其纯净；接着将泥土过一遍筛，保持颗粒细腻，用水浇沁后搅拌，要掌握力度，应不干不湿；然后是蹬泥，将搅拌均匀的泥土堆在一起，从一侧开始反复踩泥，至少三遍；将蹬踩好的湿泥放在室内阴凉处，在泥土上方还要铺上湿润的棉布，至少要放置一天时间；将放置一天的泥，根据创作需要分为大小均等的泥块，放在平滑的板上反复揉搓，直到表面光滑细腻、土质绵柔；此时需要选取一片干净平整的土地，在砖塑制作范围内撒上一层细土，为泥板的制作打下基础；泥板的制作一般边长不大于 50 厘米，厚度在 1～2 厘米，制作时需在上下左右用木条将其固定；将做好的泥板放置在沙土上晾置一晚，一部分水分自然蒸发，另一部分被沙土吸收，干爽之后扫净泥板上的泥土，用快刀根据使用需求切开，但也要保持泥板的湿润程度，不可过于干燥；在粘合泥板时，要在泥板粘合处刷上清水，将其连接，若要制作山墙装饰或楼子，则需要两张正方形大泥板和四张小泥条板黏合成空心砖的样式作为制作的基底；接着制作砖塑泥坯，将预设好的砖塑造型捏制出大致轮廓，安放在空心砖上；用手及木刀根据艺人的想象进行创作，对泥塑仔细修饰、增减、雕刻；最后将做好的泥塑放到阴凉处自然风干，其间要持续观察，不能使其暴晒或者脱水，小型砖塑放置三五天，大型砖塑则需要放置 10 天乃至半个月，待干燥后入窑烧制。

2. 砖塑烧制

砖塑烧制过程是极其关键的一步，成品的质量、颜色都是在这一步形成的，从开始烧制到成品，一系列完整的流程下来需要二十多个步骤。烧制需要先做好窑坑，窑坑要往地下挖 80 厘米，地表宽 2 米，内部窑坑直径大概 1.2 米；在挖好的窑坑内以红砖打底，沿外围依次往上垒砌呈圆柱形的火膛，在火膛内摆 8 摞砖坯架起窑撑；随后将顶部剩余空间用碎砖或碎石填满；接下来砌高约 1.6 米的窑体，窑体分内外两层，中间用素土填满；整个结构封顶后，在顶端铺设一层砖，窑的一侧要垒砌台阶。将捏制好的砖塑放进窑内，撒上麦秸、湿泥等填堵窑口及缝隙处；开始点火烧制，此过程需要十多个小时；烧火时还要加大火力，将燃料填满整个火膛，直到火苗从窑顶的火眼蹿出，此时需要向窑顶及火道填土，使窑内形成封闭空间；在窑顶圈起土坑，倒入清水，使其慢慢向下渗透，此过程是砖形成青色的关键一步，在此时要确保土坑内的水不能干涸，此过程可达 12 个小时；烧制完成后，需要铲去窑顶用于封闭的土；如果此窑为建窑首次或较长时间以来的第一次烧制，还需要在开窑前放鞭炮，以祈求有个好彩头；最后揭去封窑时填放的碎砖等，开窑取成品。

三、鄄城砖塑的数字化保护与传承

（一）鄄城砖塑信息可视化设计

传统的传承方式已不适应砖塑当下的发展，经过调研发现，由于砖塑所在地区的人们对其认识程度较浅，关注度较低，将砖塑进行品牌化或文创化设计，难以达到较为理想的市场效应，而将砖塑进行信息可视化设计是现阶段对其传承较为有效的方式之一。通过对鄄城砖塑的考察与整理，我们将其内容进行梳理，形成了较为系统化的信息层级框架，为可视化设计的开展提供有力的资料支撑。信息可视化设计的目的是使信息以直观的方式，更为清晰地呈现在人们眼前，研究表明，人们对图形图像化信息的处理速度比对抽象的文字信息的处理速度要快很多。优秀的信息可视化设计能够将所要传达的信息准确、快速、高效地传达给观众，使人们能够通过视觉系统轻松地了解这一非遗的外在表现以及内在含义，由浅入深，通过外在的形式激发观众的观看兴趣，引导人们深入地了解此非遗，从而提高砖塑关注度，促进其传播。

1. 鄄城砖塑信息可视化设计方法

（1）视觉定位

由于信息可视化设计实践是对鄄城砖塑进行推广与普及，所以砖塑信息可视化设计视觉定位应在保持砖塑造型基本形态的前提下，向受众清晰传达相关信息，对造型不做过多的增减设计。

设计风格定位应以简约、现代、大气为关键词，使画面整体设计美观协调。由于选取题材为非物质文化遗产，具有较高的艺术价值与文化价值，应在设计中突出其文化性与历史性。

由于砖塑的原材料为黄土，烧制后色彩为青灰色，故提取土黄色和青灰色渐变做造型元素主色调，以突出砖塑特征，背景采用同类色进行搭配，与相关设计元素形成对比，从而突出主要设计信息，在视觉上形成较强的冲击力，以吸引受众。希望通过此设计能够吸引更多人关注鄄城砖塑，使砖塑文化能够被更多人了解和接受。

（2）信息结构

逻辑严谨的结构框架搭建是信息可视化设计的基础和必要条件，观众在逻辑清晰、层级分明的前提下才能更准确且直观地了解此信息。通过对鄄城砖塑信息进行梳理，我们可将砖塑整理为脊兽装饰、山墙装饰和正脊装饰三大类，在此信息结构基础上可延展出砖塑的动植物造型、应用范围、文化内涵等内容；同时可从历史发展信息中整理出传承现状、制作工具和工艺等内容。通过科学严谨的结构框架搭建将砖塑信息层层递进地呈现出来，从而引导观众对其进行由浅入深的了解，在设计中主要遵循以下信息结构。

①空间性。鄄城砖塑的应用范围体现出了它的空间性，在设计中应把握各造型元素所应用的具体位置，使人们观看信息图纸时能够根据画面内容在脑海中对其进行空间架构。

②关联性。鄄城砖塑不同的造型元素代表了不同的文化内涵，外在的形象与中国传统文化密切关联，同时不同造型的应用范围也有明确的区分，在设计中应充分考虑各方面的关联性，将抽象内容转化为数据等信息进行呈现。

（3）设计流程

在各基础条件准备充分的前提下，合理、协调的视觉呈现也是信息可视化设计的一种重要组成要素，要依据完整的设计流程将其呈现。

在鄄城砖塑信息可视化设计的设计流程中，首先选取设计所需要的砖塑造型，将选取的砖塑图形元素进行数字化的矢量处理，然后根据前期的逻辑框架，结合相关的设计方法，对其进行合理分类，将基础数据利用技术手段制作成环形图、桑基图等，使用图文结合的方式使相关元素通过画面的合理编排展现出来，在画面中引导人们按相关内容进行视觉观看，以形成完整系统的信息可视化设计图，同时制作出与各造型相关的信息图卡，形成一整套完整的砖塑信息谱系。

在上述基础上，利用相关软件，实现其动态展示，以利于其借助数字媒介进行传播，拓宽设计的传播途径；整体设计突出文化性、设计性和艺术性，同时增强设计的趣味性，并考虑设计作品与观众之间的互动，以利于吸引观众。

2. 鄄城砖塑信息可视化设计实践

（1）鄄城砖塑元素提取与转译重构

①造型提取。鄄城砖塑由手工艺人捏造而成，每件都是孤品，不同的造型具有不同的特征，同一种纹样应用在不同造型上也会呈现出不同的效果，所以在对砖塑造型进行提取时，要对砖塑相关形态进行艺术加工，例如，砖塑结构的对称处理、相关纹样的标准化处理、琐碎元素的减少处理以及造型元素缺少的增补处理等，从而使得砖塑造型标准化。

②色彩提取。鄄城砖塑由黄河附近的土加工而成，捏造完成后为土黄色，由于在烧制过程中，在窑顶放置了清水，砖塑烧制出来后便形成了青灰色，故结合砖塑颜色特性对其进行色彩提取，设计出灰色和黄色搭配使用。

③转译重构。鄄城砖塑制作时所选用的工具大多是由手工艺人纯手工打造的，并无太过标准化的制作工具。由于砖塑制作工具的特殊性，在制作完砖塑泥坯后，

艺人会用柏木抹子、齿子等工具去进行表面装饰，故砖塑纹样的随意性比较强，但也有一定的规律存在。大多数砖塑表面以点或线进行装饰的较多，例如狮子的毛发用长线表现，凤凰、鸡等的羽毛造型用椭圆或短线表现。

鄄城砖塑脊兽造型不同于传统的五脊六兽或其他地域的脊兽装饰，地域特色较鲜明，造型特点独树一帜，主要造型为传统屋脊神兽、狮子造型脊兽以及家畜造型脊兽，种类较多，形态丰富，包括麒麟、凤凰、龙、狮子、牛、马、鸡等造型。

（2）鄄城砖塑信息可视化设计视觉呈现

在对鄄城砖塑的元素进行提取和转译重构后，我们就可以利用这些可视化的元素进行更深层次的设计。

①追本溯源——砖塑技艺传承信息图。我们可以将砖塑技艺的传承和发展设计在同一版面上，用流线图表现出砖塑技艺的发展历程，突出时间属性，引导观众从时序角度去观看。颜色以灰色和黄色为主，整体色调体现出古朴的气息，突出文化性与历史性。

②源远流长——砖塑造型演进信息图。通过信息梳理，我们可以将砖塑造型的演进分为“初创”“抗战”“新中国成立”“文革”“改革开放”“没落”及“非遗”七个时期，结合砖塑造型的应用特性，将各时期的砖塑造型放置在屋脊之上，通过叠螺的方式进行视觉呈现，突出时间感与空间性。

③吹影缕尘——制作流程信息图。

砖塑分为捏造和烧制两个过程，通过对关键步骤进行提取，共提炼出选土、和泥、蹬泥、荫干、揉泥、打底等步骤，对其进行造型转译，在画面中以流程图的形式进行呈现，同时搭配扇形制作详情图。

④百卉千葩——砖塑造型信息图。

砖塑造型可分为脊兽装饰、山墙装饰、正脊装饰三大类，在设计中通过圆形图将其从内到外进行分层展示，同时结合桑基图对造型元素题材进行分类梳理。

（二）鄄城砖塑的三维扫描

在文化遗产保护的现代实践中，三维扫描技术的应用正变得日益关键。这项技术通过激光扫描或结构光扫描等先进手段，精确捕获文物的表面细节，生成详细的三维模型。它为文化遗产的数字化存档提供了一种高效、精确的方法，尤其适用于鄄城砖塑这类细腻且易受损的文物。

借助三维扫描技术，我们不仅能够创建出鄄城砖塑的数字副本，还能确保这些珍贵文物的信息得到长期保存，不受物理环境的影响。这种数字化手段极大地促进了学术界的研究工作，也为公众提供了更广泛的欣赏机会。随着技术的持续发展，三维扫描技术在精度和处理速度上不断提升，这将进一步强化其在文物保护领域的作用，为文化遗产的保护和传承开辟新的可能性。

（三）鄄城砖塑数字数据库建设

面对社会环境变化对鄄城砖塑造成的损害，现代科技提供了一种保护和修复文化遗产的新途径——建立数字数据库。构建这样的数据库旨在长期保存珍贵的文化遗产，并为公众检索、查询和进行学术研究提供便利。对于鄄城砖塑的数字数据库，其结构设计需细致规划，涵盖作品详情、文化背景、艺术特点及保存状况等核心信息。在数据录入阶段，应遵循标准化流程，确保数据的精确性和可信度。

（四）鄄城砖塑虚拟展厅建设

虚拟展厅借助计算机和网络技术，将现实展览数字化，打破了传统展厅的空间限制。它允许观众在任何时间、任何地点通过互联网观看展览，提供了前所未有的灵活性和互动体验。在虚拟展厅中，通过调整虚拟摄像头和模拟三维空间，观众能够感受到展品的空间布局，仿佛身临其境。这种新型展厅的互动性体现在观众可以通过鼠标操作与展品进行互动，如通过点击获取详细信息，通过拖动和缩放来观察展品细节。此外，虚拟展厅通过高清图像、3D 模型和多媒体资料，如视频和音频解说，生动地展示了展品的各个方面，增强了展览的教育性和吸引力。这种结合视觉、听觉和互动体验的展示方式，不仅节省了资源，也为观众提供了一种新颖的、沉浸式的观展体验。

鄄城砖塑作为一种传统建筑装饰艺术，不仅风格独特，还蕴含着较高的艺术和历史价值，但其复杂的制作流程和高超的技艺要求，使得这项技艺的传承遇到了不小的挑战。虚拟展厅的出现，为鄄城砖塑的展示和传播提供了新的可能性。虚拟展厅利用数字化手段，通过文字、图片和视频等多媒体元素，详尽地展示了鄄城砖塑的制作步骤和技艺细节，使观众能够深入了解这一传统手工艺的精髓。这种展示方式不仅让观众对鄄城砖塑的制作过程有了直观的认识，也为这一文化遗产的保护和传承开辟了新途径。通过虚拟展厅，鄄城砖塑的艺术魅力和文化价值得以跨越时空，被更多人所知晓。虚拟展厅通过先进的交互技术，如手势识别和语音控制，让观众能够以更直观的方式深入了解鄄城砖塑。这种互动性不仅增强了观众的参与感，也使得他们能够更真切地了解展品的内涵。同时，虚拟展厅能够根据需要调整展示环境和氛围，添加各种交互功能，进而提供更灵活的观展体验，使观众能够更加深刻地感受到鄄城砖塑的艺术魅力和历史文化价值。与实体展厅相比，虚拟展厅不受空间和时间的限制，无需投入大量的建设和维护成本，可以节省大量资源。这样的展示方式不仅为观众带来了便利，也为文化遗产的展示和传播提供了新的可能性。

第二节　唐山皮影数字化保护与传承的实践

一、唐山皮影

“唐山皮影戏始创于明代万历年间，源于当时的滦州，以乐亭（lào tíng）县最盛，所以也称为‘滦州影戏’或“乐亭影戏”，至今已有三百多年的历史。”[①]

金王朝曾掳中原皮影艺人到北方，宋代汴京的皮影戏在河北一带落户，滦州皮影艺术起源于此。但是，金、元时期的河北地带是南北交兵的主战场，持续的战争和接连不断的旱、涝等灾害，使河北地区的人口下降到了汉唐以来的最低点，在这种情况下，皮影艺术一直没有得到发展。明成祖朱棣迁都北京，需要发展经济，大片荒地亟待种植，因此，曾多次迁移江南的富庶之户来滦州充辅建屯。当时的富户大多有家养皮影戏班的风俗，由此南方的皮影艺术传播到了滦州，给滦州皮影艺术的发展带来了很大的契机。清代初期，新兴地方戏曲不断演变派生，滦州皮影艺术亦得到了发展。当时的滦州大地，每逢传统节日几乎各村各镇皆演皮影戏，演出空前繁荣。

1913 年，乐亭知县孙涣仑曾聘任文人张廷荫对皮影戏进行改良，以期化俗移风，借以辅助社会教育。出生在乐亭县的革命先驱李大钊先生，每次度假回家，都要看看村里的皮影戏。他深深感到这一带的人民深深喜爱着民间艺术，皮影艺术有着难以比拟的魅力。随着滦州皮影艺术的发展，20 世纪 30 年代，美国、日本、英国纷纷在中国开办唱片公司，如胜利公司、百代公司、昆仑公司、宝利公司等，邀请张绳武、李秀、张茂兰、康雅亭等人灌制数百张皮影戏唱片。同时，上海的

① 童芸:《皮影》，黄山书社，2016 年，第 122 页。

多个书局还用光纸石版印制方式发行了大量的线装袖珍滦州皮影戏剧本，从而进一步扩大了滦州皮影艺术在北方地区的影响力。

1952 年，新长城影社与滦东大众影社合并成为唐山专区实验皮影社，是当时的职业性剧团。新影社集中了当时一流的皮影艺人，同时强调编剧、表演、雕刻、着色等方面的综合艺术修养，使影社的面貌焕然一新，一个皮影艺术表演的崭新途径得以诞生。皮影戏人物造型也由原来的七寸（1 寸≈ 3.33 厘米）不断发展到一尺（十寸为一尺）二寸、一尺五寸、二尺五寸、三尺等高度，并且改进了造型和装订方法，影窗的大小也相应由原来的高三尺宽七尺扩展为高七尺宽十八尺。皮影戏表演的照明工具由原来的豆油灯、煤油灯、汽灯、电灯演变到现在的四支荧光灯组成的灯箱。打击乐由原来的一人包打改为多人分工，管弦乐在原来的四胡、二胡、唢呐的基础上又多了扬琴、琵琶、笙、笛等。同时增添了字幕灯和烟雾器等新设备，皮影艺术的操纵技巧和唱腔也有了很大的提高。

唐山地区的皮影艺术以其淳朴而典雅的人物造型而闻名。这些人物形象通常线条简洁、形体饱满，手指动作抽象而富有表现力。生、旦角色的面部特征如六字形的通天鼻、尖翘红唇、环眉和凤眼，在灯光下显得清晰透亮。男性角色的靴子底部保持在同一水平线上，以便在表演中清晰地区分动静状态。皮影戏的传统剧目中，角色丰富多样，从帝王将相到平民百姓，应有尽有。演出过程中，车、船、马轿、奇妖、怪兽都能上场，飞天入地、隐身变形、喷烟吐火、劈山倒海也都能表现，还有各种皮影特技操作和声光效果，所以其特别适合表演大型神话剧的奇幻场面，堪称一绝。皮影人物（简称影人）的造型元素，是按戏曲中生、旦、净、丑的模式进行设计的。各个行当脸谱和行头的程式化造型，源于舞台戏剧元素而又超越于舞台形象。

中国唐山皮影艺术以唱腔感人，以动态传情。传统影人造型面部本身没有表情变化，操纵技巧起着关键的作用，可以说如何运用操纵技巧关系到皮影造型艺术的完整体现。表演空间跟戏曲舞台相比虽然存在很大的局限性，但它又可以表现出许多戏曲舞台所无法表达的内容，比如钻天入地、灵魂出窍、飞沙走石等，因此充满独特的艺术韵味，画面轻松并充满想象。传统皮影戏中的每个皮影人物通常由三个主要操纵杆控制，这些操纵杆穿过皮影人物的脖颈和双手，早期使用高粱秆，后来改用更细的竹竿。操纵技巧非常复杂，包括武打、抢马、大劈、换装等动作，对操纵者的要求极高。一个熟练的皮影艺人往往需要同时控制多个皮影人物进行转身、翻跃等高难度动作。在影窗上布置桌、椅等道具时，并不采用拉幕换场的方式，而是直接在影窗上摆放。优秀的皮影艺人在“摆场”时展现出的技巧堪称一绝，他们能够用手腕的力量将桌、椅的皮影片精准地甩到影窗上，完成摆放。这些精湛的表演技艺是皮影艺人多年实践和对皮影艺术进行深刻理解的结晶，体现了他们对这门艺术的热爱。

二、唐山皮影的数字化保护与传承

（一）唐山皮影艺术数字化模型

1. 唐山皮影艺术数字化模型的概念

皮影艺术数字化模型实际上就是利用计算机软件发展的媒体艺术，即利用电脑软件使数字图像以一种方式和访客互动，或者彼此互动。皮影数字图形在自己的环境里，以完全生活般的模式和访客互动。

具体的交互形式如下。

第一，键盘鼠标式操纵形式。这种互动主要是访客通过键盘和鼠标对计算机里的 CG（计算机动画）图像进行操纵。计算机里的 CG 图像以一定的编程语言与键盘连接，访客通过键盘控制皮影人物的各种动作。皮影人物的走、站、转身、坐、躺、武打等动作，通过编程技术与计算机的键盘和鼠标相连，访客只需熟悉键盘、鼠标的使用方式，就能对计算机里的皮影人物操纵得挥洒自如，如同在皮影戏的影窗上一样。这种操纵形式属于链接空间的交流。

第二，装置操纵形式。这种形式是访客通过计算机外设的相关感应设备对计算机皮影图像进行控制的交互形式。计算机事先对外设装置进行连接，访客则通过体态、声音等对计算机皮影图像进行影响。外设装置一般有摄像头、麦克风等输入型感应设备，其作用是把信息输入计算机系统，再以链接实现访客对计算机的交互操纵。

2. 唐山皮影艺术数字化模型的设计

唐山皮影艺术造型的固定性和影人的身体结构，使得皮影艺术的动态形式有明显的程式化色彩，正因为如此，现代的多媒体技术在制作方面有了大有作为的可能。

（1）数字化模型提供的 CG 模型

视频采集这一术语源自模拟视频时代，当时计算机需要通过视频采集卡将模拟视频信号转换为数字信号。随着数字视频（DV）的普及，这一过程变得更加简便，因为 DV 设备可以直接输出数字信号。数字视频信号可以通过火线接口直接传输到计算机中，并保存在硬盘上。现代计算机的处理速度已经足够快，处理视频文件就像拷贝文件一样简单，不再需要紧张地进行“捕捉”。这一技术的进步极大地简化了视频内容的获取和处理过程。

由于历史的原因，皮影艺术到现在为止，已濒临灭绝，老艺术家所剩无几，剩下的也越来越老了，因此，实地拍摄将是一项很艰难的工作，也显得尤为重要。

传统皮影艺术的魅力在于其独特的表现形式。在影窗上，通过光源将皮影人物的轮廓投射出来，创造出栩栩如生的画面。皮影与影窗之间的距离决定了影像的清晰度：距离近时，影像更为真实；距离远时，影像则显得模糊。在表演过程中，艺人操纵皮影，使其与影窗的距离不断变化，从而在观众眼前呈现出变幻莫测的虚实效果。这种独特的艺术手法不仅构成了皮影戏的风格，也是其经久不衰的艺术魅力所在。

通过使用连接电脑装置的摄像机对传统皮影艺术进行实地拍摄，我们可以有效地捕捉到皮影戏的每一个细节。计算机在此过程中的应用主要体现在对摄影机的精准控制，这使我们能够获得高质量的 CG 图像，并在后期进行必要的处理。视觉特效（VFX）技术为传统皮影艺术提供了数字化转译的技术支持，使得这些艺术作品能够在计算机平台上得到新的展现，从而为传统艺术注入了新的活力。用它可以拍摄到高清晰度的镜头，同时也可以仔细地记录下皮影艺术的动态风格，为以后的图形处理和互动画面提供第一手资料。

拍摄完成后，下一步的工作将更加艰巨。在后期制作中，将计算机生成的图像与实际拍摄内容合成时，确保两者之间，尤其是皮影人物和道具之间的互动关系精确匹配，是至关重要的。利用 VFX 技术可以对拍摄的皮影图像进行数字化处理。

第一，进行数字化分镜头处理。为了满足皮影戏新的互动模式的需要，对皮影艺术里面的人物、场景、道具都要进行特殊的处理。

第二，对已经处理过的分镜头进行分类。在传统的皮影艺术中每一出戏都有独立的剧本和人物形象，场景的安排、道具等也都是相对独立的，因此，对皮影艺术的图形处理也一定要有套路，即以剧目为依据对人物、场景、道具进行归类。

第三，建立数据库。对整理好的人物、场景、道具及剧目进行保存，并且做好互动前的图形准备。

这样看来，VFX 技术为皮影艺术的数字化图像处理提供了坚实的保障，实现了数字化转译过程，为皮影艺术走向计算机空间奠定了基础。

（2）数字化模型的超时空共享设计

唐山皮影戏的传统剧目繁多，难以计数，内容包括从战国时期至明清的历史演义和民间传说。然而随着现代媒体艺术的发展，传统的线性诉说形式已经不能满足现代人的欣赏心态，从最新的媒体艺术上讲，分线型的诉说形式越来越深入人心。这就要求我们设计的数字化模型必须改变皮影艺术传统的线性表达方式。

数字化模型一旦出现，应立即引起观众的注意，并与作品的氛围相呼应，只有这样，人们的脑海中才会对皮影艺术留下较深的印象。当然这个过程中，如何恰当地运用图片、声音、互动形式等设计元素，是数字化模型成功与否的关键所在。

传统皮影艺术新的数字化模型，既然是选定了以现代多媒体艺术的形式出现，就必然具备多媒体艺术的特点。从某种意义上讲，这也是皮影艺术新的数字化模型来源于传统，又高于传统的唯一出路。也正因为这样，情节内涵的拓展，为皮影艺术新的互动形式提供了超时空的共享模型。

3. 唐山皮影艺术数字化模型的技术依托

（1）VFX 技术可以使计算机画面中的人、景、物、声、光、色、更加逼真

在视听语言中，人、景、物、声、光、色构成了画面信息的核心，是创造视觉和听觉体验的基石。视觉特效（VFX）技术在处理各类视觉元素时，其核心目标是维护场景间的整体连贯性。无论是创造虚拟场景还是通过合成技术进行画面融合，重点在于使特效与实景的光照条件相协调，保持色彩和影调的一致性，并重现物体的质感，从而打造出令人信服的视觉体验。

（2）VFX 技术可使虚拟图形镜头的视点、运动和物体的运动轨迹更合理

镜头的视点在影视作品中扮演着至关重要的角色，它决定了观众的视角和感受。合理的镜头位置要考虑人的视觉习惯，并在此基础上进行适度的艺术拓展。例如，高空遥感镜头能够带给观众一种超越日常视角的体验，让他们感受到从高

空俯瞰大地、关注世间万物的宏大视角。镜头的运动同样遵循一定的规律和规范。在传统摄影中，这些运动有着严谨和成熟的规范，而在 VFX 技术中，这些规范同样适用，并且可以被精确地复原和模拟。

（二）唐山皮影幻影成像设计

幻影成像是近几年在各个展览馆或者大型展示空间经常见到的一种数字化表现形式，它的特点是利用暗箱技术，把数字化影像与模型结合在一起，使图像与真实环境相互呼应，创造出超越时空的艺术效果。

唐山皮影艺术的幻影成像，主要是通过数字化手段，创造出二维人物形象在三维立体环境当中表演的独特形式。目的是摆脱传统皮影艺术在场景方面过于简单的弊端，让情节与场景变得真实可信。做好幻影成像设计须注意如下问题。

1. 与模型的配合

幻影成像的影像最终与暗箱中的模型相结合，要保证尺度适当，使幻影成像和模型默契地结合在一起。模型制作尺寸往往是具体的，幻影成像的时候要保证成像尺度和模型相对应，让皮影影像动态线和模型的陈设设置有个完美的结合状态。因此，在制作时就要考虑到模型和皮影影像播放的尺寸以及比例，要根据播放器与模型现场进行实时对应设计，既不能让皮影影像有悬空的感觉，也不能让人物活动范围在地面以下。人物动态路径的设计必须与模型现场的设置一一对应，尽量避免重叠现象。只有经过反复实践和不断调整才能符合模型与皮影影像结合的要求，在观众面前呈现出完美的幻影成像展示。

2. 与灯光的配合

在幻影成像的灯光配合上，必须经过反复调试，实践证明泛白的光源适合做暗室中的照明光源，为了凸显皮影的艺术效果，应改用弱光，但是要保证给人们以正常的视觉感受。白色光源又以 LED 光源为最佳。

3. 与暗箱的配合

幻影成像实际上是一种装置，通过播放器、反射玻璃的相互作用形成梦幻般的视觉效果。同时在正常的视角范围内，人们看不到播放器，只能看到反射的图像和背景模型。因此幻影成像的暗箱设计十分严谨，在高度、宽度、深度等方面必须跟播放器严密配合。同时要设计好反光玻璃的角度，以确保影像在放映时正确反映到镀膜玻璃上，以方便观众清晰地观看成像效果。

唐山皮影艺术幻影成像这一新技术拓宽了皮影艺术展示的领域，使其传播过程更有新鲜感。在民间艺术领域现代媒体技术被越来越多地运用，制作幻影成像的目的是让观众在获取民间艺术信息的同时，也能够积极地进行反馈。

第三节　阜阳剪纸数字化保护与传承的实践

一、阜阳剪纸

阜阳剪纸艺术可溯源至南北朝时期，在颂扬女将军花木兰时就有民谣“当窗理云鬓，对镜帖花黄”，其中“花黄”即剪纸，“帖”通“贴”。唐朝时期，阜阳地区曾出现过远近闻名的“绢”，流行以剪绢花替代剪纸，故这一时期在阜阳当地剪纸与剪绢花又是同源的。明清时期，随着商业贸易的展开，出现了一批以剪纸为生的手艺人，他们的剪纸作品主要呈现为鞋花、枕花、绣花等，至今这些样本还有存留。2006 年，阜阳剪纸被列为安徽省非物质文化遗产，2009 年，阜阳市颍州区获得“中国民间剪纸艺术之乡”的称号。自此，阜阳剪纸艺术不断更新发展，呈现出一派生机蓬勃的景象。

阜阳地区位于淮河平原南部，地处南北交通干线要道，故商业发端较早。在早期商品交换过程中，南北方文化在此地交流、碰撞，促成了阜阳地域文化的多元性、融合性特征，同时拥有道家文化、儒家文化与楚文化的深厚底蕴，使阜阳剪纸自产生以来就成为当地雅俗共赏的艺术形式之一。

阜阳剪纸文化表现了当地质朴的民风，凝练了阜阳历史文化的精髓。从古至今，阜阳剪纸大多出自民间手工艺人之手，其中尤以农家妇女为主。剪纸既描绘农民的劳作场面，也刻画虫鱼鸟兽，更多的是表现喜庆吉祥的内容。

我国陕西地区剪纸的风格多以质朴粗犷为主，在局部刻画上较少精工细琢，较完整地保存了华夏文明元素。我国南方江浙一带的剪纸则以精巧秀美著称，突出了南方自然风貌的灵气。阜阳剪纸则兼备南、北方剪纸艺术的特点，例如，在剪纸作品《牧童短笛》中，刻画出了一个牧童骑坐在牛背上吹笛的场景，画面中牧童和牛的体貌轮廓均用粗犷的线条来刻画，并突出了很多细节；但在牧童的着装和头发上采用了南方剪纸技法进行深入刻画，形成细密精致的线条，既突出了人物的面貌特征，又不失剪纸的装饰性。

在社会快速变迁和数字技术迅猛发展的当下，阜阳剪纸这一传统民间艺术遭遇了前所未有的挑战，其生存和传播环境发生了翻天覆地的变化，面临着传承与发展的双重困境。为了应对这些挑战，中国艺术研究院在2015年将阜阳剪纸纳入国家级非遗数字化保护的试点项目，标志着数字化保护工作的正式启动。随后，2019年安徽省文化馆主办的阜阳剪纸展成功举办，获得了广泛好评，显示了传统艺术在现代社会中依然具有强大的生命力。2021年，阜阳市通过线上培训的方式，将非遗文化带入校园，进一步推动了剪纸艺术的传承。这些举措不仅展示了阜阳剪纸传承与保护工作取得的初步成效，也反映了保护工作重心逐渐向数字化保护领域转移的趋势。面对这样的背景，探索阜阳剪纸数字化保护实施路径成为社会各界关注的焦点。数字化保护工作的推进，需要从技术应用、教育推广、文化传播和市场开发等多个维度进行。

二、阜阳剪纸保护与发展存在的问题

（一）传承面临困境与需求市场被挤压

阜阳剪纸这项珍贵的国家级非物质文化遗产，目前主要依靠家庭传承和师徒制来维系其生命力，辅以学校和机构的培训，传承人数量有限，且年龄结构偏大，以葛庭友、吴青平、程兴红等为代表。在工业化和信息化的快速推进中，阜阳剪纸遭遇了前所未有的挑战，这些挑战不仅来自传统艺术难以直接转化为经济利益的困境，也源于其学习过程的漫长和对时间的高要求，这使得剪纸艺术对于年轻一代的吸引力大减。随着机械化生产的窗花剪纸以低成本、高效率的优势逐渐占领市场，手工剪纸的生存空间被大幅挤压。加之其他地区剪纸的竞争，阜阳剪纸的市场需求持续下降。尽管节日期间张贴窗花剪纸和春联的传统依然存在，但机械化生产的窗花已经逐渐取代了手工剪纸，这对阜阳剪纸的传统市场构成了冲击。为了应对这些挑战，阜阳剪纸的保护和传承需要采取多元化的策略。

（二）传承效果不佳与传播方式有待提升

自2008年阜阳剪纸被确认为国家级非物质文化遗产以来，虽然得到了政府、企业以及社会组织的积极推广，公众对其艺术价值的认同感也在逐步增强，但实际调研和网络数据揭示了其在创作和传播方面面临的一些挑战。参与剪纸活动的人数和传播方式的多样性均未达到预期目标。目前，阜阳剪纸的推广主要依赖于线下活动，线上的直播和课程还不多，导致公众对阜阳剪纸的了解大多停留在表面，缺乏深入学习的机会。面对这些挑战，如何让阜阳剪纸这一传统艺术在新的传播渠道中得到更广泛的传播，成为我们亟须解决的问题。

（三）数字化保护与发展的水平仍需提高

在信息化浪潮的推动下，阜阳剪纸的数字化转型显得尤为迫切，但目前的发展状况并不乐观。尽管阜阳剪纸数字化转型的潜力巨大，其进程却步履蹒跚，主要受限于初步的信息采集阶段，缺乏深度的数字化实践。非遗数据库和数字博物馆的建设资金不足，导致数字化作品的数量有限，且现存的声像资料和多媒体档案因时间久远而质量低下。阜阳剪纸的展示方式也未能跟上时代的步伐，多数展览仍旧依赖于实地或简单的线上文字描述，缺乏现代技术的加持，这限制了艺术作品的展示效果和观众的互动体验。此外，数字化工作过于侧重于保存，而忽视了作品的传播、利用和共享，使得阜阳剪纸在文化传承方面显得力不从心。面对这些挑战，阜阳剪纸的数字化保护工作亟须加速。这不仅涉及提升数字化作品的数量和质量，还包括采用先进的展示技术来增强艺术作品的吸引力。

三、阜阳剪纸数字化的意义与价值

随着信息化时代的到来，数字化技术已经成为社会各领域，包括文化旅游和非遗保护与传承中不可或缺的一部分。数字化过程涉及将各类信息资源，包括声音、光波、电流、磁场信号及语言、文本、图像等，通过计算机技术转化为数字格式或编码。这不仅包括信息的网络化和智能化处理，还意味着将文化遗产与现代科技相整合。通过数字化，传统文化得以以新的形式和载体保存和传承，同时也为全球范围内的文化交流和理解提供了新的平台和机会。

（一）阜阳剪纸数字化的意义

技术的飞速进步确实对传统艺术的传播和发展带来了挑战，尤其是对于那些工艺复杂、传承周期长的传统艺术形式来说，如阜阳剪纸。面对这些挑战，数字化保护提供了一种有效的解决方案，它具有非破坏性、高保护程度和广泛的传播范围等优势。数字化技术的应用能够解决阜阳剪纸在保护和传承过程中遇到的诸多难题。通过数字化手段，阜阳剪纸的数字信息得以保存，这不仅便于在网络上进行资源整合和虚拟展示，还能促进其在全球范围内的共享和传播。此外，利用人工智能（AI）和计算机辅助设计（CAD）可以分析阜阳剪纸的形态特征，推动其艺术风格和特色的创新发展，使其在新时代背景下焕发新的活力。在文化与科技的融合中，数字化不仅是一种保护手段，也是一种传播和教育工具。它使更多的人能够了解阜阳剪纸，感受其独特的艺术魅力，从而丰富他们的精神世界。

（二）阜阳剪纸数字化的价值

以阜阳剪纸为代表的非物质文化遗产，在数字技术的推动下，不仅实现了对传统文化的保护与传承，还促进了新业态的产生，为地区经济增长提供了新动能，对创意产业的发展具有重要意义。数字化保护为阜阳剪纸的传统展示方式带来了变革，增强了其宣传的影响力。通过虚拟在线展示，观众可以在网络上轻松浏览阜阳剪纸作品、了解创作流程和背后的文化故事，使得剪纸艺术更加生动。借助数字化手段，阜阳剪纸艺术的传播不再受时空的限制，成为世界范围内可共享的文化瑰宝。数字化保护不仅激活了阜阳剪纸的经济潜能，还为创意产业注入了新的设计灵感和素材。这些基于数字化资源开发的文化创意产品和项目，不仅促进了经济效益的提升，也为民间艺术的传承与发展提供了动力，推动了非物质文化遗产的传承与繁荣。

四、阜阳剪纸的数字化保护与传承

将现代数字技术应用于非遗保护领域，能够显著提升非遗资料的采集、存储和传播效率，确保非遗文化的内涵得到全面和系统的保存。这对于非遗的保护、传承和共享具有重要意义。

（一）记录阜阳剪纸动态轨迹

为了促进阜阳剪纸艺术的数字化转型，我们首先需要实现其信息采集和存储的全面数字化。我国在非遗项目的数字化保护方面已建立了一套成熟的流程，包括信息搜集、数据处理和数字存储。这涉及通过历史研究、实地考察和传承人访谈来收集剪纸艺术的详细信息，并利用摄影、扫描和录音等方式将这些信息转化为数字格式，存储于非遗数据库中。然而，目前的采集工作往往只关注剪纸作品的静态记录，忽略了其在民俗活动和文化实践中的动态表现。阜阳市非物质文化遗产保护中心虽然已经对剪纸作品及其创作过程进行了记录，并加以存档，但在记录剪纸在民间生活中的应用方面还有待加强。为了更全面地保护阜阳剪纸，我们应扩展视野，不仅记录剪纸的静态美，还要捕捉其在民间传统和日常生活中的活跃表现。

剪纸艺术作为民间文化的重要组成部分，不仅承载着历史，也体现了当地人民的创造力和活力。如果只对剪纸作品进行数字化存储，而忽略了其技艺的动态性和文化背景，那么数字化保护的效果将大打折扣。因此，未来对阜阳剪纸的保护工作需要更加全面和深入。为了更好地保护和传承阜阳剪纸这一非物质文化遗产，地方行政机构和专门的剪纸保护组织需要定期采集相关信息。他们可以采用包括摄影、3D 扫描和矢量图形技术在内的现代科技手段，全面捕捉阜阳剪纸的发展脉络和实际应用。这将有助于建立一个全面的信息库，不仅包含剪纸艺术的详细介绍，还涉及其历史背景和实际应用案例。此外，应积极借力图书馆、博物馆等文化机构，推动建立地方非物质文化遗产数字化数据库，加快阜阳剪纸艺术的数字化步伐。

（二）搭建数字交互展示平台

引入数字虚拟平台极大地拓展了非物质文化遗产的展示范围，突破了传统展览方式的时间和空间限制。如今，众多国内博物馆和展览馆开始进行线上展示，让公众能够通过电子设备在线体验非遗文化。结合虚拟现实和人工智能技术，这些平台增强了互动性，加深了公众对非遗文化的理解，并促进了非遗保护意识的形成。

在现代科技浪潮中，阜阳剪纸艺术的保护与传承迎来了新的发展机遇。当地政府和文化组织正致力于利用数字化手段，推动这一传统艺术形式的创新与传播。它们的目标是将阜阳剪纸的艺术展示和文化体验，从实体空间转移到虚拟平台，让全球观众都能通过网络感受到这一艺术的魅力。通过数字化技术，阜阳剪纸的展览不再局限于物理展馆，而是可以在线上平台进行展示并与观众互动。这样的转变不仅提高了艺术作品的可见度，也为观众提供了更加便捷的访问方式。同时，通过建立数字交互展示平台，观众可以在线上展馆中深入了解阜阳剪纸的历史、技艺和文化价值，并通过虚拟游览和互动游戏等模块，体验剪纸的乐趣。

（三）构建数字媒体传播格局

在数字媒体技术的推动下，非物质文化遗产的影响力得到了显著增强。例如，青年艺术家乌兰图雅利用网络直播，向观众深入讲解了“敕勒川非遗剪纸艺术及其文创产品”，这种新颖的互动方式成功地吸引了年轻人对非物质文化遗产保护的关注，为解决非遗传承中的代际断层问题提供了新途径。泰安市岱岳区通过数字化平台展出了包括制陶、织布、剪纸等多种非遗技艺，引起了国内外网友的广泛关注。这些在线展示不仅让公众深刻感受到非遗文化的独特韵味，也提高了公众对非遗文化保护和传承重要性的认识。

为了实现阜阳剪纸艺术与现代数字技术的紧密结合，我们需要打造一个覆盖广泛、层次丰富、领域宽广的传播网络。日常的社交媒体、电商平台、娱乐领域的短视频和电子游戏，以及近年来兴起的在线教育平台，都可以成为推广阜阳剪纸的渠道。此外，鼓励当地的剪纸艺术家将他们的创作过程录成视频上传到在线教育平台，或利用云学堂、腾讯课堂等进行线上教学，不仅能提升阜阳剪纸的知名度，还能扩大其影响力。

第四节　泉州提线木偶数字化保护与传承的实践

一、泉州提线木偶戏

木偶又称“傀儡”，早在汉代就已在中华大地上流传。“被赞誉为‘让木偶活起来’的泉州提线木偶戏，即‘嘉礼’戏，又称‘加礼’戏，古称‘悬丝傀儡’，又名线戏。‘嘉礼’‘加礼’，意即隆重的殡婚嘉会中的大礼。泉州地区每逢民间婚嫁、寿辰、婴儿周岁、新建屋厦奠基上梁或落成、迎神赛会、谢天酬愿，都必须演提线木偶戏以示大礼。”① 泉州提线木偶戏2006年被列入我国第一批国家级非物质文化遗产名录，曾代表中国的木偶艺术多次走向世界舞台，特别是在北京奥运会开幕式上的亮相，吸引了人们的目光，被各国同行誉为“世界一流的木偶艺术珍品”。一方面，它具有毋庸置疑的鲜明民族性。泉州提线木偶戏除有精美的雕刻工艺和刺绣工艺外，最主要的还是其一身有十几条甚至三十几条悬丝及精巧

① 陈俊翔：《民间木偶戏历史与发展》，吉林美术出版社，2021年，第36页。

的操纵结构，形成一整套“传统线规”。另一方面，它还保留有七百余出传统剧目和由三百余支曲牌唱腔构成的独具一格的剧种音乐“傀儡调”。最为特别的是表演时强调“傀儡意念”，使木偶在台上富有生命力，从而呈现出一种独一无二的木偶表演艺术形态。

泉州提线木偶展现了古代民间雕刻与绘画艺术的完美结合，其中木偶头的制作尤为关键，它集中体现了这两种艺术形式的精髓。木偶头的制作过程精细且复杂，涉及雕刻和粉彩两大主要工序。

选择优质的樟木根作为木偶头的基材是至关重要的，因为樟木的纤维细腻且耐虫害。首先，将樟木锯成略大于所需木偶头的体积，接着用斧头去除多余的部分。在木块的中心位置，沿着垂直方向标出基准线，以此确定木偶的面部构造。在形成初步的“粗坯”之后，便进入一个需要精细操作和注重细节的雕刻阶段。这个阶段对雕刻师的技艺要求极高，尤其是制作可以活动双眼的木偶头时，需要在头部打孔连接眼位，并安装活动眼球，最后用木块封堵。这个过程不仅决定了木偶头的外观，还需要捕捉人物的面部特征，并关注骨骼和肌肉分布所形成的曲线。木偶头的线条应该富有表现力，肌肉和骨骼的布局要展现出线条的美感，轮廓要展现出节奏感和生命力。在雕刻过程中，要虚实结合，要尤为关注“五形三骨”[①]。木偶的善恶美丑、情绪变化都与“五形三骨”紧密相关，它们是角色特征的集中体现。艺术家可以通过调整骨骼结构、强调木偶头的某些部位来表现角色情感。例如，为了突出“丑角”的丑陋，可以缩短鼻子、拉近眉毛……从而生动地表现角色的情感。

在木偶经过精细的雕刻之后，接下来的步骤是进行打磨和安装活动机制。如果雕刻的木偶头“初型”存在裂缝或不平整的地方，需要先用调配好的灰泥进行填补，使其平滑，并待其自然干燥。打磨平滑后，将薄绸或绵纸粘贴在木偶头上，并逐步涂抹经过水胶过滤的黄土浆。每涂抹一层，需等待其自然干燥，然后重复此过程十余次，直至覆盖完整并区分出五官。待最后一层干燥后，木偶头的雕刻工作才算完成。

泉州提线木偶头雕刻工艺极为繁复，工匠通过细致的雕刻技艺，塑造出具有独特个性和内在灵魂的艺术形象，同时，这项工艺也融入了地域特色。在节奏和形态上，泉州提线木偶头雕刻展现了一种写意风格，这种风格实际上是人类情感的一种体现。象征手法是意境构建的关键。在封建社会，民间雕刻师在艰苦的生活中塑造

① “五形三骨”：“五形”即两眼、一嘴、两鼻孔；“三眉”即眉骨、颧骨、下颌骨。

了自己的品格，他们将对生活的感受和对理想的追求，通过木偶雕刻艺术强烈地表达了出来。在创作过程中，他们将具体事物抽象化，通过具有象征意义的艺术形象展现了他们的精神世界。

泉州提线木偶的服饰是其艺术造型中不可或缺的美学要素。在泉州提线木偶的服饰艺术中，可以看到古典戏剧元素与本土文化的巧妙融合。在服装色彩设计上，其追求的是极简风格，强调了线条的大胆表现，同时保持了一种简朴的美学理念。角色的分类遵循了“生”“旦”“北”“杂”的传统框架，其中除了“杂”类，其他角色的名称通常与他们的服饰风格和色彩紧密相关。例如，“正旦”中的“白绫”角色多以白色绸缎装扮，代表年轻或平民女性；而“贴旦”中的“蓝素”角色则穿有蓝白搭配的服饰，代表仙女或侍女；“红官生”角色则以红色官袍为标志，代表状元或年轻官员；“武小生”中的“白甲生”角色则以白色战甲为特征。泉州提线木偶戏通过服饰的细节来展现角色的社会地位。例如，“红帔”角色以红色服饰为标志，多饰高贵且已婚的年轻女性；而“乌帔”角色则以黑色服饰为标志，多饰年长或社会地位较高的角色。泉州提线木偶的服饰图案设计非常讲究，尤其是龙纹，其是皇帝的象征。在这些服饰中，袍脚装饰有流动的云彩图案，而衣身和袖子则绘有龙蟒，彰显了皇帝角色的威严与神圣。在古代封建社会，龙袍是皇帝的专属服饰。在提线木偶戏中，有一种服饰称为蟒袍，简称蟒。这种蟒袍是帝王和官员在正式场合穿着的礼服。蟒袍由缎子制成，上面用彩线绣着龙形图案，以及云彩、日、月、波浪和海水等图案。蟒袍有多种颜色，每种颜色都有其特定的含义。例如，正黄色和明黄色的蟒袍是皇帝专用的，而杏黄色和深黄色则供皇子和亲王穿着。红色蟒袍象征着庄重和威严，通常由驸马或王侯将相穿着，如《孙庞斗智》中的庞涓。绿色蟒袍多用于英勇的角色，以关云长为典型代表。黑色蟒袍则多用于性格刚烈的角色，如《三国演义》中的张飞。官员的官服上通常会有一个方形图案，文官身上的图案多为飞禽，而武官身上的图案则多为走兽。

二、泉州提线木偶的数字化保护与传承

（一）泉州提线木偶造型与表演动作的元数据采集

任何数字化资源在共享、传输过程中，必须有一定的数字化标准和相应的元

数据保存规范，才能实现有效、统一的资源共享和交流。提线木偶造型与表演动作的元数据采集是泉州提线木偶的数字化保护与传承的重要实践。只有将泉州提线木偶造型及其表演动作以计算机所能识别的表达方式进行规范的编码和呈现，才能实现对泉州提线木偶的数字化信息的提取与存储。我们可以对泉州提线木偶的木偶实体和表演动作进行数字化提取，充分考虑传统提线木偶戏数字化资源元数据的创建、描述、组织、检索、保存和应用等整体需求，查阅相关传统戏曲数字化技术规范，包括资源数字化采集、资源保存等技术规范文献。

在元数据方案的制订中，为实现对资源的统一管理，通常采用两层元数据结构。第一层是通过提取提线木偶戏类非遗项目资源的共有属性制订其核心元数据，第二层由不同地区的提线木偶戏非遗项目组成（如泉州提线木偶戏），包括模型元数据和动作元数据。同一种类的不同项目都有其特有属性，增设第二层的目的就是体现各个项目的特有属性。

传统提线木偶的艺术生命力与傀儡师的操演技艺无法分离。就操演技术而言，傀儡师很注重加强双手操线的技巧训练，即所谓的“线功”。首先需掌握提线木偶的钩牌技法，傀儡师要进行双手轮换等功夫的练习。然后就可以控制提线木偶身躯的水平线，做出摇头晃脑、上下跳动等动作。接下来要熟练掌握一套完整的“传统线规”，包括“官行”“旦行”“步走”“打八步”等。在练就扎实的基本功后，傀儡师要不断加深对人物角色的体会，积累舞台经验，只有这样，才可以准确表达出木偶角色的喜、怒、哀、乐等情感和神态。每一位傀儡师的操演，都有自己的特点和风格，但都不外乎从“线功”“线规”中演化而来。提线木偶表演形态作为一种非物质的运动形态，对其进行数字化提取和保存有利于该非物质文化遗产项目的保护和传播。尤其对于以表演为主的戏曲等非物质文化遗产项目，对动作数据的采集是必不可少的。下面对采集设备的设置和相关软件进行简单介绍。

动作捕捉仪的设置要求：光学式动作捕捉仪的数量最少为八个，为提高系统精度、扩大捕捉范围，可以增加动作捕捉仪的个数；动作捕捉仪环绕表演场地排列。摆放时，尽量使各动作捕捉仪的视野有最大程度的重叠，重叠的区域就是提线木偶的动作范围，重叠范围内的动作数据比较精确；动作捕捉仪的摆放方式大致分为圆形和方形，根据动作捕捉仪的数量和场地，选择不同的架设方式。提线木偶与人体一样由许多关节组成，关节可以做平移或旋转等一定自由度的活动。

动作捕捉软件要求：应支持与 Motion Builder、Maya、3ds Max 等主流三维软件兼容；应支持 FBX、BIP 等格式的动作文件；应支持对较小的动作断点进行修补。

同时，该实践也存在两个现实困境。其一是技术难度较大。从数据的准确性来看，动作捕捉设备是以人的形体尺寸为标准进行设计的，而傀儡只有正常人身高的四分之一，反光点捕捉到的信息容易出现较大偏差。从场地设置来看，由于提线木偶是由傀儡师操纵的，如果傀儡师和木偶都站在地面上，木偶的背面反光点就很难被完整捕捉；要避免这一情况，需要专门制作一架云台，让傀儡师能够在捕捉识别范围外操纵木偶。其二是 VR 或 AR 动画的生成完全依赖移动网络带宽和设备自身的三维算图能力。在显像时，为了使动画能够顺畅，数据必须精简在一定范围内，特别是多个角色同时显示时，数据精简要求就特别苛刻。面对复杂的动画数据，动画师必须在保留表演艺术风格的同时，完成精简了大量数据的二次动画制作。

（二）泉州提线木偶的动漫化

泉州提线木偶的动漫化是对其进行数字化保护与传承的创新性尝试，要求我们结合现代动漫设计理论，提炼木偶的民族特色元素，并将其转化为动漫设计中的创意素材。这一过程旨在保留传统文化的精髓，同时赋予其新的时代内涵，推动泉州提线木偶艺术的传播与发展。

1. 泉州提线木偶元素与动漫形象的相融性

泉州提线木偶戏以其精湛的雕刻技术、细腻的粉彩绘画、精巧的木偶构造以及华丽的服饰，彰显了中国古典艺术的非凡魅力，对后来的艺术创作产生了深远影响。在将这些传统元素融入动漫角色设计的过程中，设计师必须深刻领会泉州提线木偶戏的文化精髓，深入研究其造型技巧以及服饰的独特风格，并思考如何使这些传统元素与现代动漫设计相得益彰，实现无缝融合。

（1）结构原理上的相融性

泉州提线木偶的构造体现了复杂而精细的工艺，其整体结构严谨而合理。木偶由多个关键部分组成：木偶头（包括盔帽）、笼腹（躯干及服饰）、四肢（含鞋、靴）、提线（8 至 36 根不等），以及勾牌（操线板）。木偶头通常由樟木雕刻而成，现代也有使用树脂材料的，并施以粉彩，内部机关精巧，眼睛和嘴巴能够活动。躯干部分多用竹子制作，用以支撑服饰。在木偶的关键部位，如肘关节、腕关节、膝关节和踝关节等，系上细线，并将这些线按顺序固定在勾牌上，由傀儡师控制。在动漫形象的3D模型骨骼绑定阶段，同样需要对角色骨骼进行精确绘制，准确定位角色的关节位置，并进行伸展、弯曲等动作的绑定。这一过程与提线木偶的结构原理相似，都是通过控制“线”来操纵角色的动作。将这种控制技法巧妙地应用于动漫创作中，可以使动漫角色的动作更具有独特风味和生动性，进而增强角色的表现力和视觉吸引力。

（2）造型手法上的相融性

泉州提线木偶艺术与动漫设计之间具有内在的联系。木偶艺术家在创作时采用夸张手法，巧妙处理人物比例，并利用木偶的轮廓、五官、表情和肢体语言来展现角色的独特个性，这与动漫设计追求形象鲜明、趣味性和动作流畅性的理念相呼应。动漫创作者同样注重通过动画技巧，如挤、压、拉、升，来展现角色的五官变化和表情，以及通过角色的肢体语言来细致描绘性格特征，旨在实现角色形象的生动性和准确的情感传达。将提线木偶的设计元素融入动漫设计，可以创造出既活泼又具有传统文化特色的动漫形象。这种设计风格自由奔放、充满活力，蕴含深厚的文化底蕴，能为观众带来强烈的视觉冲击。

（3）服饰特点上的相融性

泉州提线木偶的服饰设计以其鲜明的色彩和精致的刺绣图案而闻名，服饰用色鲜艳、对比强烈。不同角色的服饰根据其社会地位、年龄和性别等特征精心设计，从蟒袍到官衣，每一个细节都透露出角色的身份和性格。动漫角色的服饰设计则更为大胆和夸张，强调视觉上的冲击力和表现力。尽管存在于虚拟空间，动漫角色的服饰同样需要传递角色的性格和身份信息，其款式和用色相对自由，但同样需与场景氛围和作品风格相协调。

尽管提线木偶和动漫在艺术媒介上有着本质的不同，前者是实体艺术，后者是数字虚拟艺术，但艺术家在创作时所追求的艺术表现理念是相通的。这种共通性使得将提线木偶的结构、造型、服饰等元素融入动漫形象设计成为可能。

2. 泉州提线木偶动漫形象设计流程

这里以泉州提线木偶戏经典现代剧目《钦差大臣》为例，阐述泉州提线木偶动漫形象设计的实现流程。

（1）分析并提取设计素材

泉州市木偶剧团精心制作的提线木偶剧《钦差大臣》是根据果戈理的同名话剧改编的。这部作品在木偶戏的表演技艺上展现了前所未有的革新。剧中人物的表演技巧汲取了泉州高甲戏中丑角的传统表演技艺，这一创新极大地扩展了木偶戏的表演范围，并提升了其吸引力。在保持对原著精髓的忠实传承的同时，该剧在主题探讨和角色塑造上实现了创新，使其在全球木偶艺术领域独树一帜。泉州提线木偶的形象设计融合了唐宋时期雕塑的艺术风格，并深受闽南文化的影响，呈现出一种庄重而含蓄的美学风貌。这些木偶不仅承袭了泉州提线木偶的经典造型，还巧妙地融合了现代元素，让传统艺术在现代社会绽放新的光彩。

剧中众多木偶角色，尤其是12位核心人物，以其鲜明的个性和生动的形象，深受观众喜爱，符合普遍的审美趣味。这些角色的偶头设计精细且具有辨识度，轮廓分明、五官比例恰当、细节刻画入微、表情丰富多变，充分展现了每个角色的独特性格。例如，冒充钦差的贾四以其夸张的眉形、俏皮的胡须、粉嫩的面庞和显眼的白粉，生动地展现了他的多变与轻佻，活灵活现地呈现了一个典型的花花公子形象。朱五，作为随从，其满脸的络腮胡、倒挂的眉毛，显露出他的多疑本性。而县官钱三，以其圆润的身材和胖乎乎的面庞，成功地展现了一个贪婪官员的形象。剧中角色的服装巧妙地结合了古典与现代元素，采纳了男女皆宜的长袍和裙子设计，包括圆领、斜领、对开领等多种款式，并选用了苏州的优质真丝软缎和绣线，为角色增添了轻盈、柔美、不羁的风采。官员穿着圆领的长袍，头戴传统的幞头，腰间系着皮带，脚踏厚重的靴子；钱三妻子环形发髻上的花朵，以及胸前露出的红色抹胸，彰显了她的奢华与精致；钱三女儿高耸发髻上的花朵，拖地的长裙、披帛，呈现出了她的美丽与高雅。这些造型艺术不仅在剧中展现出了独特的魅力，也为动漫形象设计提供了丰富的灵感和借鉴资源。在动漫形象设计时，设计师可以吸取这些传统造型的精华，并结合现代审美和动漫表现手法，创造出既具有传统韵味又符合现代审美的动漫角色，实现传统文化元素的现代性转换和创新性发展。

（2）草图设计

设计师通常会利用草图迅速记录和把握创意，这种手绘的线条图是表达设计初步想法的基础。在将《钦差大臣》中的角色转化为动漫形象的过程中，设计师的工作重点不仅在于细致分析原剧角色的外观、服饰及其色彩，还需要考虑目标观众的年龄分布、预期的设计风格等因素。动漫文化与提线木偶文化的结合，展示了现代文化与传统文化之间的互动和融合。尽管两者在结构原理、造型手法和服饰特点上存在共通之处，但在艺术风格上呈现出鲜明的不同：动漫造型倾向于线条流畅和突出现代感，而提线木偶则强调线条的复杂和保留传统特色。因此，在草图设计过程中，设计师面临的挑战在于如何巧妙融合这两种文化，利用现代设计语言对传统文化进行创新性的诠释和现代化转换。

在动漫形象设计领域，将泉州提线木偶的传统元素转化为现代风格，可以采用多种艺术手法，包括解构重组、简化精炼和强化变异等，以实现新颖的视觉效果。这些技巧可以独立运用，也可以相互融合，以增强设计的新颖性。解构重组允许设计师提取并重新组合原型的不同造型元素，创造出全新的艺术形象。简化精炼强调深入分析原型，识别并提取其核心特征，然后用简洁的线条和形状来强调这些特征，使设计更加清晰和有力。强化变异则通过对原型的整体轮廓或特定细节进行夸张或变异，增强角色的视觉冲击力和表现力。在《钦差大臣》中贾四角色的设计中，设计师运用这些方法，先对角色进行重新加工和改造，再突出人物特征，简化或删除不利于动漫制作的复杂细节，最后调整人体结构比例和脸部轮廓特征，在保留关键特征的同时进行夸张处理，使角色造型简洁明快，符合动漫化繁为简的造型原则。通过这样的设计过程，设计师能够在保留传统文化精髓的同时，创造出既具有现代感又具有吸引力的动漫形象，实现传统文化元素的创新性转换和传承。

实践表明，结合动画艺术特有的语言符号，充分、恰当、有效地传达原型现代化转化的信息和价值观念，是动漫造型设计中的难点。

（3）深化设计

在动漫形象设计的深化阶段，设计师致力于剖析和优化草图，旨在塑造既富有深意又广受欢迎的动漫角色。这一过程的挑战性在于如何将提线木偶的特色与现代动漫的表现技巧相融合，从而在造型、色彩、风格、材质以及角色的表情和动作上实现创新。重点在于角色头部的精细化设计，因为头部是角色个性和情感表达的核心。设计师需要通过头部设计传递角色的年龄、性格和情绪等关键信息，使其成为角色情感和心理状态的直观反映。

（4）三维建模与动作节点绑定设计

在进行动漫形象的三维建模工作之前，首先需要对角色的外观进行详细的规划和设计，而这一过程的核心就是创建角色的三视图。三视图通常包括角色的身体正面图、身体全侧面图以及身体背面图，这些视图能够全面展示角色的外形轮廓和关键细节。对于那些设计更为精细和复杂的角色形象，设计师还会额外制作身体半侧面图、身体顶视图，甚至是一些特殊视角的视图，比如身体俯视图或身体仰视图，以便更全面地捕捉角色的特征和结构。

这些视图的设计对于动画建模师来说至关重要，通过这些视图，动画建模师能够准确地掌握角色的形状、比例和姿态，从而在三维空间中准确地再现角色的设计。此外，上述视图还有助于确保角色在动画中的动作和表情能够与原始设计保持一致，从而保持角色形象的连贯性和真实性。

在三维建模完成后，动作节点绑定设计是关键步骤，它涉及在模型上创建和配置动作节点，类似于木偶的提线，使动画师能够控制模型的运动。这些节点通常模拟人体的关节，并根据角色的独特形象和特点进行比例和数量上的调整。动作节点的位置设置需反映角色的设计要求，以确保动画的流畅。完成绑定后，动画师可以通过控制器操纵角色动作，进行动画制作，并在此过程中不断测试和调整，以保证动画的准确性和流畅性，从而创造出栩栩如生的角色形象。

由于动漫角色的动作表演往往比提线木偶更为复杂和多变，因此在动作节点绑定设计中，所涉及的控制命令也会相应地更加庞杂和精细。设计师需要考虑到角色的每一个动作细节，确保动作的流畅性和自然性，同时还要保证控制器的设置能够满足动画师在制作动画时的需求。这不仅要求设计师具备丰富的解剖学知识，以理解不同动作下骨骼和肌肉的运作方式，还需要具有创新思维，以便在保持角色动作真实感的同时，创造出独特而富有表现力的动画效果。

此外，动作节点绑定设计还需要考虑到动画的性能优化，确保在不牺牲动作质量的前提下，减少计算资源的消耗。这通常涉及对控制器的层级结构进行优化，以及对动作数据进行压缩和清理。最终的目标是在保证动画流畅性和表现力的同时，实现高效的工作流程和良好的动画性能。

参考文献

[1] 连冬花:《大运河无锡段文化遗产及其保护实践》，光明日报出版社，2023 年。
[2] 佟东、周佳艳、潘赛:《京杭大运河上的非物质文化遗产》，研究出版社，2022 年。
[3] 张艳华:《我国非物质文化遗产的法律保护研究》，新华出版社，2022 年。
[4] 苏艳英:《燕赵非物质文化遗产法律保护机制研究》，中国政法大学出版社，2021 年。
[5] 郝雯婧、王雪梅、许志强:《四川非遗文化整合与传承》，西南交通大学出版社，2021 年。
[6] 吴建德:《国产动画与非物质文化遗产的重构与融合》，新华出版社，2021 年。
[7] 徐锦江主编《上海非物质文化遗产发展报告（2021）》，上海社会科学院出版社，2021 年。
[8] 贾利涛:《晋中民俗与非物质文化遗产摭论》，上海社会科学院出版社，2020 年。
[9] 杨竹芬:《非物质文化遗产保护与布朗族蜂桶鼓舞传承研究》，云南大学出版社，2017 年。
[10] 闵文义:《舟曲非物质文化遗产保护研究》，甘肃文化出版社，2017 年。
[11] 陈祖芬:《妈祖信俗非物质文化遗产档案研究》，世界图书出版公司，2015 年。
[12] 徐凤:《甘肃非物质文化遗产概论》，甘肃人民出版社，2014 年。
[13] 刘守华:《非物质文化遗产保护与民间文学》，华中师范大学出版社，2014 年。
[14] 武宇林、靳宗伟、雷侃编著《宁夏非物质文化遗产研究》，阳光出版社，2012 年。
[15] 向云驹:《解读非物质文化遗产》，宁夏人民出版社，2009 年。
[16] 朱腾芳:《非遗视域下阳江漆艺纹样的数字化保护与开发》，《中国生漆》2024 年第 2 期。

[17] 卫才华、徐照智:《非物质文化遗产系统性保护的数字化实践》,《中北大学学报(社会科学版)》2024 年第 5 期。
[18] 司马昊翔、戴俭慧、彭响:《新质生产力赋能体育非物质文化遗产数字化转型研究》,《沈阳体育学院学报》2024 年第 4 期。
[19] 余红卫:《新媒体语境下非物质文化遗产数字化传播》,《新闻爱好者》2024 年第 7 期。
[20] 胡霜叶:《数字化时代下传统纹样的创新性传承探索——以水族马尾绣纹样为例》,《西部皮革》2024 年第 4 期。
[21] 陈默:《非物质文化遗产项目编码标准研究》,《中国标准化》2024 年第 4 期。
[22] 侯云鹏、彭涵、刘育晖:《基于 LoRA 模型的非遗数字化传承:以楚漆器为例》,《设计艺术研究》2024 年第 1 期。
[23] 姚利权、郑旖旎:《民族地区非物质文化遗产数字化保护创新路径》,《中国出版》2024 年第 3 期。
[24] 高梓文、李宗斌:《新疆非物质文化遗产数字化传播研究》,《合作经济与科技》2024 年第 8 期。
[25] 苏畅:《"世界方法"与"中国表达":数智时代非遗国际传播之道——以成都市非物质文化遗产为例》,《四川戏剧》2023 年第 12 期。
[26] 姜恩松、王忠友:《数字化生存语境下非遗的传播与传承》,《文化学刊》2024 年第 1 期。
[27] 殷亚丽:《非物质文化遗产馆数字化及其服务创新》,《浙江万里学院学报》2024 年第 1 期。
[28] 商彦彦、郭亚男:《非遗视域下淄博陶瓷的数字化保护与发展策略研究》,《佛山陶瓷》2024 年第 1 期。
[29] 徐嘉笛:《我国非物质文化遗产数字化研究现状与发展趋势分析》,《中阿科技论坛(中英文)》2024 年第 1 期。
[30] 黄燚、何雨欣、陈颖芊:《重庆秀山花灯非物质文化遗产的数字化传承与传播》,《文化产业》2024 年第 1 期。
[31] 王建彦、纪峰:《大运河苏北段非物质文化遗产数字化保护与传承现状——以宿迁市为例》,《市场周刊》2024 年第 1 期。

[32] 李默:《经典的复现与传统的再造——浅析非物质文化遗产在展览策划实践中的创新与转化》,《文物天地》2023 年第 S2 期。

[33] 陈威、孙胜格、刘晓琰:《数字时代博物馆的年轻化传播策略研究——以浙江省非物质文化遗产馆实践为例》,《数字出版研究》2023 年第 S2 期。

[34] 张媛霞、孙建海:《张家口市非物质文化遗产古琴艺术的传承与保护研究》,《黄河之声》2023 年第 24 期。

[35] 孔娅娴:《传统音乐类非物质文化遗产保护传承实践策略》,《中国民族博览》2023 年第 24 期。

[36] 谭清:《非物质文化遗产短视频传播的困境与出路探究》,《新闻研究导刊》2023 年第 24 期。

[37] 宗诚、朱昕棣、关宇辰:《非物质文化遗产可视化传承转译方法研究》,《大连大学学报》2023 年第 6 期。

[38] 付警安、赵宏、李笑言:《基于机器学习民俗非物质文化遗产保护情景分析——以大运河流域民俗研究为例》,《科技传播》2023 年第 24 期。

[39] 李波、王帆:《非物质文化遗产数字化传播的视觉文化再造》,《齐齐哈尔大学学报(哲学社会科学版)》2023 年第 12 期。

[40] 闫靖、郭永平:《非物质文化遗产保护中的文化自觉与地方实践》,《高原文化研究》2023 年第 4 期。

[41] 韩姝、黄永慧、邓光燕:《非物质文化遗产数字化传播困境及发展路径——以重庆为例》,《理论观察》2023 年第 12 期。

[42] 陈琳斐:《可持续设计下的非物质文化遗产传承》,《陶瓷》2023 年第 12 期。

[43] 杨玮亚:《数字媒体艺术在非物质文化遗产传承中的应用》,《上海包装》2023 年第 12 期。

[44] 伍善、左逸帆:《短视频对体育非物质文化遗产活态传承的影响研究——基于研究综述的批判性反思》,《当代体育科技》2023 年第 35 期。

[45] 陈辉:《识别、存储与应用:长城沿线非物质文化遗产的可视化分析》,《中国民族美术》2023 年第 4 期。

[46] 王千卜贝:《新媒体对非物质文化遗产传承的价值探究——以南京白局的数字化保护为例》,《中国民族博览》2023 年第 23 期。

[47] 刘妍、张璟雷:《AI 人工智能背景下非物质文化遗产数字化传播的进阶途径》,《中国民族博览》2023 年第 23 期。

[48] 王玉琦:《非物质文化遗产数字化的“旧衣新穿”——以敦煌数字藏品开发为例》,《山东工艺美术学院学报》2023 年第 6 期。
[49] 陈雪:《数字媒体艺术视域下非物质文化遗产的创新性保护与传承研究》,《上海服饰》2023 年第 12 期。
[50] 孙晋:《数字媒体时代下非物质文化遗产的塑造与传播研究——以金溪手摇狮为例》,《上海服饰》2023 年第 12 期。
[51] 林梅、冯曌婧雯:《数字技术赋能黄河流域非物质文化遗产的保护与传承》,《今传媒》2023 年第 12 期。
[52] 郭又丰:《非物质文化遗产数字化保护研究的可视化分析》,《文化创新比较研究》2023 年第 34 期。
[53] 徐进波、朱怡洁:《非物质文化遗产文化转译模型构建与数字化传播——以朱仙镇木版年画为例》,《河南社会科学》2023 年第 12 期。
[54] 田野:《大数据时代我国非物质文化遗产本体构建研究》,《情报科学》2023 年第 12 期。
[55] 郑飞雁:《谈文创设计助推非物质文化遗产的传承、保护与发展》,《中国民族博览》2023 年第 22 期。
[56] 李慧敏、孙雅琪、韩晓旭:《大运河天津段非遗数字化保护与传承策略研究》,《丝网印刷》2023 年第 22 期。
[57] 拥忠下姆:《四川藏文化非遗数字化生存路径探索》,《西部广播电视》2023 年第 22 期。
[58] 翁裕琳、乔娇、仝欣等:《数字化背景下非遗文化的传承与发展——以淮海地区为例》,《文物鉴定与鉴赏》2023 年第 21 期。
[59] 张羽皓哲、蒋琤琤:《非物质文化遗产数字化标准研究与探索》,《造纸装备及材料》2023 年第 11 期。
[60] 曹修彦:《非物质文化遗产数字化展示:博物馆的创新实践与挑战》,《收藏》2023 年第 11 期。
[61] 陈曦:《插上数字化翅膀非遗玩法“潮”起来》,《中国商报》2022 年 6 月 23 日,第 A01 版。
[62] 庄德通:《加大力度支持水族非物质文化遗产传承保护利用》,《民主与法制时报》2023 年 3 月 14 日,第 4 版。
[63] 徐蔚冰:《盘活非物质文化遗产建设文化强国》,《中国经济时报》2023 年

3 月 1 日，第 2 版。
[64] 杨燕玲:《文水县非物质文化遗产的传承与保护》,《山西市场导报》2023 年 2 月 28 日，第 A06 版。
[65] 刘旭、张艳玲:《四川广元朝天区：让非物质文化遗产“活”起来》,《农民日报》2022 年 6 月 16 日，第 4 版。
[66] 师向东:《让非物质文化遗产在保护传承中焕发新活力》,《民主协商报》2022 年 5 月 11 日，第 1 版。
[67] 潘慧娟:《加强对贵州非物质文化遗产生产性保护》,《贵州政协报》2015 年 2 月 5 日，第 A02 版。
[68] 李卓谦:《全国政协委员就非物质文化遗产保护与传承建言献策》,《民主与法制时报》2022 年 3 月 10 日，第 2 版。
[69] 王杰:《民进贵州省委：建议利用非物质文化遗产整体性保护促进乡村振兴》,《贵州民族报》2022 年 1 月 24 日，第 A04 版。
[70] 张丽丽:《统筹建设甘肃省非物质文化遗产博物馆》,《甘肃经济日报》2022 年 1 月 20 日，第 2 版。
[71] 刘志明、班若川、左臣明等:《2021 非物质文化遗产电商发展报告》,《中国旅游报》2021 年 9 月 28 日，第 3 版。
[72] 韩毅:《活态传承，让非物质文化遗产历久弥新》,《重庆日报》2021 年 9 月 1 日，第 4 版。
[73] 张盖伦:《中办国办：用现代科技手段提高非物质文化遗产记录水平》,《科技日报》2021 年 8 月 16 日，第 2 版。
[74] 何博:《生产性方式保护：非物质文化遗产的自我再生》,《贵州政协报》2015 年 6 月 4 日，第 B02 版。
[75] 严炯明:《省级非物质文化遗产代表性项目（中秋节烧番塔）传承人陈富元追求塔尖上的绚丽火光》,《江西日报》2021 年 8 月 5 日，第 4 版。
[76] 冯翠昕、孙涛:《非物质文化遗产在演艺中“活”起来》,《承德日报》2021 年 7 月 13 日，第 1 版。
[77] 明海英:《动态保护传统中医药非物质文化遗产》,《中国社会科学报》2020 年 11 月 27 日，第 5 版。
[78] 吕发祥、张海平、陈松林等:《着力打造世界非物质文化遗产高地》,《长沙晚报》2019 年 6 月 4 日，第 3 版。

［79］张慧:《让非物质文化遗产世代传承》,《菏泽日报》2018 年 10 月 29 日，第 2 版。
［80］石声:《唤醒非物质文化遗产的市场价值》,《钦州日报》2016 年 6 月 18 日，第 2 版。
［81］汪莹:《非物质文化遗产：全民共享是最好的传承》,《嘉兴日报》2015 年 6 月 15 日，第 1 版。